U0542215

"一带一路"沿线国家教育政策法规研究丛书

韩国
教育政策法规

主编 / 张德祥 李枭鹰

编译 / 王妍 耿智 贾琼 齐小鹍 汤琦 靳云轲 李梦华

大连理工大学出版社
Dalian University of Technology Press

图书在版编目(CIP)数据

韩国教育政策法规 / 王妍等编译. —— 大连：大连理工大学出版社，2020.11
("一带一路"沿线国家教育政策法规研究丛书 / 张德祥，李枭鹰主编)
ISBN 978-7-5685-2436-0

Ⅰ.①韩… Ⅱ.①王… Ⅲ.①教育政策－韩国②教育法－韩国 Ⅳ.①D931.262.16

中国版本图书馆 CIP 数据核字(2020)第 000177 号

HANGUO JIAOYU ZHENGCE FAGUI

大连理工大学出版社出版

地址：大连市软件园路 80 号　邮政编码：116023
发行：0411-84708842　邮购：0411-84708943　传真：0411-84701466
E-mail:dutp@dutp.cn　URL:http://dutp.dlut.edu.cn
上海利丰雅高印刷有限公司印刷　　大连理工大学出版社发行

幅面尺寸：185mm×260mm	印张：11.75	字数：249 千字
2020 年 11 月第 1 版	2020 年 11 月第 1 次印刷	
责任编辑：白　璐		责任校对：于　泓
	封面设计：奇景创意	
ISBN 978-7-5685-2436-0		定　价：82.00 元

本书如有印装质量问题，请与我社发行部联系更换。

总 序

共建"一带一路"是中国提出的伟大倡议,也是中国与"一带一路"沿线国家的共同愿望。"一带一路"倡议出自中国,却不只属于中国,而属于"一带一路"沿线所有国家,乃至全世界。中国是"一带一路"的倡导者和推动者,沿线所有国家是"一带一路"的共商者、共建者和共享者。

为推进共建"一带一路"伟大倡议,让古丝绸之路焕发新的生机与活力,以新的形式使亚欧非各国联系更加紧密,互利合作迈向新的历史高度,中国政府于2015年3月28日发布了《推动共建丝绸之路经济带和21世纪海上丝绸之路的愿景与行动》,强调"一带一路"是促进共同发展、实现共同繁荣的合作共赢之路,是增进理解信任、加强全方位交流的和平友谊之路。中国政府倡议,秉持和平合作、开放包容、相互借鉴、互利共赢的理念,全方位推进务实合作,打造政治互信、经济融合、文化包容的利益共同体、命运共同体和责任共同体。

为贯彻落实《推动共建丝绸之路经济带和21世纪海上丝绸之路的愿景与行动》,2016年7月13日中华人民共和国教育部牵头制定了《推进共建"一带一路"教育行动》。该文件指出,推进共建"丝绸之路经济带"和"21世纪海上丝绸之路",为推动区域教育大开放、大交流、大融合提供了大契机。"一带一路"沿线国家教育加强合作、共同行动,既是共建"一带一路"的重要组成部分,又为共建"一带一路"提供人才支撑。中国愿与沿线国家一道,扩大人文交流,加强人才培养,共同开创教育的美好明天。

自共建"一带一路"倡议提出至2019年8月底,已有136个国家和30个国际组织与中国签署了195份共建"一带一路"合作文件。"一带一路"是一个多极的和多文化的世界,无论是政治、经济、文化、教育、生态还是种族、民族、宗教、习俗等,不同国家或地区之间存在这样或那样的差异。因此,只有全面了解民间需求与广泛民意、消除误解误判,只有国家的学者、企业家、政府部门、民间组织和民众充分理解各国的国际关系、宗教信仰、历史文化、风俗习惯、法律法规和民心社情,才能更好地推动"一带一路"建设。也就是说,"一带一路"沿线国家建立政治互信、经济融合、文化包容的利益共同体、命运共同体和责任共同体,必须根基于沿线国家间的"文化理解或认同",而这又与教育尤其是高等教育的交流合作密切相关。

教育政策法规是了解一个国家教育发展状况和治理水平的重要窗口，是各国之间教育合作交流的基本依据。为此，教育部牵头制定的《推进共建"一带一路"教育行动》呼吁沿线国家"加强教育政策沟通"，即通过开展"一带一路"教育法律、政策协同研究，构建沿线各国教育政策信息交流通报机制，为沿线各国政府推进教育政策互通提供依据与建议，为沿线各国学校和社会力量开展教育合作交流提供政策咨询；积极签署双边、多边和次区域教育合作框架协议，制定沿线各国教育合作交流国际公约，逐步疏通教育合作交流政策性瓶颈，实现学分互认、学位互授联授，协力推进教育共同体建设。

大连理工大学切实贯彻《推进共建"一带一路"教育行动》的精神，精心谋划和大力支持"一带一路"教育研究。该校原党委书记张德祥教授带领课题组成员克服文本搜集、组建团队、筹措经费等多重困难，充分发挥学校高等教育研究院、"一带一路"高等教育研究中心、中俄暨独联体合作研究中心以及教育部国别和区域研究中心"独联体国家研究中心"的优势和特色，积极参与和服务于"一带一路"的推进和共建，编译"一带一路"沿线国家教育政策法规，并在国内率先开展"一带一路"沿线国家教育政策法规研究，具有很好的教育发展战略意识和强烈的服务国家发展战略的责任感和使命感。中国高等教育学会大力支持这项工作，将"'一带一路'国家高等教育政策法规研究"立项为2016年高等教育科学研究"十三五"规划重大攻关课题，并建议课题组首先聚焦于编译"一带一路"沿线国家的教育法、高等教育法以及教育中长期发展规划等，及时为国家推进共建"一带一路"教育行动搭建教育政策沟通桥梁。该课题组根据中国高等教育学会专家组的意见，组织力量，编译了这套《"一带一路"沿线国家教育政策法规研究丛书》。作为中国高等教育学界的一名老兵，看到自己的学生们带领国内一批青年学者甘于奉献、不辞辛劳、不畏艰难，率先耕耘在"一带一路"沿线国家教育研究这片土地上，我由衷地感到欣慰。同时，大连理工大学出版社全力支持这套丛书的出版，不遗余力地为丛书的出版工作提供支持，使这套丛书能及时出版发行。最后，我真诚地希望参与这项工作的师生们努力工作，高质量、高水平地把编译成果呈现给"一带一路"的教育工作者。

是为序。

潘懋元于厦门大学高等教育研究中心
2019年9月10日

前　言

2015年3月28日《推动共建丝绸之路经济带和21世纪海上丝绸之路的愿景与行动》和2016年7月13日《推进共建"一带一路"教育行动》的相继颁布,将"政策沟通"置于"五通"之首,让我们意识到编译《"一带一路"沿线国家教育政策法规研究丛书》的重要性和紧迫性。对我们来说,承担这一艰巨任务是一种考验,更是一种使命。

2016年中国高等教育学会组织申报高等教育科学研究"十三五"规划课题,将"'一带一路'背景下我国高等教育国际化研究"列入重大攻关课题指南。我们在这个框架之下组织申报的"'一带一路'国家高等教育政策法规研究",获得了中国高等教育学会专家组的认可和支持,这对我们是极大的鞭策和鼓励。2016年11月,我们认真筹备和精心谋划,参加了中国高等教育学会组织的开题论证工作,汇报了课题的研究设想。听取了专家组的宝贵意见后,我们及时调整了课题研究重心。我们考虑首先要聚焦于编译"一带一路"沿线国家教育政策法规,因为,我们对许多国家的高等教育政策法规还不了解,国内也缺乏这方面的资料。编译这些资料既可以为我们日后的研究打下基础,也可以为其他研究者和部门进行相关研究、制定政策提供基础性的资料和参考。于是,我们调整了工作思路,即先编译,然后再进行研究。同时,考虑到许多国家的高等教育政策法规常常包括在教育政策法规中,我们的编译从"高等教育政策法规"拓展到"教育政策法规",这种转变正好呼应了《推进共建"一带一路"教育行动》中的"政策沟通"。

主编《"一带一路"沿线国家教育政策法规研究丛书》,是一项相当繁重和极其艰辛的工作,其中的酸甜苦辣只有经历了才能体会到。第一,参与共建"一带一路"的国家相当多,截至2019年8月底,已有136个国家和30个国际组织与中国签署了共建"一带一路"合作文件。这套教育政策法规研究丛书虽然只涉及其中的69个国家,但即使是选择性地编译这些国家的教育法、高等教育法以及中长期教育发展规划等,也需要大量的人力、财力等的支持。第二,不少"一带一路"沿线国家的教育本身不够发达,与之密切关联的教育政策法规通常还在制定和健全之中,我们只能找到和编译那些现已出台的政策法规文本,抑或某些不属于政策法规却比较重要的文献。编译这类教育政策法规时,我们根据实际需要对某些文本进行了适当删减。由于编译这套丛书的工作量很大、历时较长,我们经常刚编译完某些国家旧有的教育政策法规,新的教育政策法规又出台了，我们不得不再次翻译最新的文本而舍弃旧有的文本。如此反反复复，做了不少"无用功"。即便如此，我们依然不敢担保所编译的教育政策法规是最新的。第三，"一带一路"沿线国家或地区的官方语言有 80 多种，涉及非通用语种 70 种（这套教育政策法规研究丛书涉及的 69 个国家，官方语言有 50 多种），我们竭尽全力邀请谙熟非通用语种的人士加盟，但依然还很不够。由于缺乏足够的谙熟非通用语种的人士加盟，很多教育政策法规被迫采用英文文本。在编译过程中，我们发现那些非英语国家的英文文本的表达方式与标准英文经常存在很大的出入，而且经常夹杂着这样或那样的"官方语言"或"民族语言"。这对编译工作是一个极大的挑战和考验，我们做到了尽最大努力去克服和处理。譬如，新西兰是一个特别注重原住民及其文化的国家，其教育政策法规设有专门的毛利语教育板块，因而文本中存有大量的毛利语。为了翻译这些毛利语，编译者查阅了大量有关毛利文化的书籍和文献，有时译准一个毛利语词语要花上数十天甚至更长的时间。类似的情况经常碰到，编译者们付出了难以计量的劳动，真诚地希望这套丛书的出版能给他们带来足够的精神上的慰藉。

为了顺利推进研究工作，我们围绕研究目标和研究重点，竭尽全力组建结构合理的研究团队，制订详尽的研究计划，规划时间表和线路图，及时启动研究工作，进入研究状态。大连理工大学积极参与"一带一路"建设，高度重视"一带一路"沿线国家教育研究工作，成立了"'一带一路'高等教育研究中心"、"中俄暨独联体合作研究中心"和教育部国别和区域研究中心"独联体国家研究中心"。大连理工大学、大连外国语大学、大连民族大学、杭州师范大学、广西民族大学、广西财经学院、广西职业技术学院、广西桂林市委党校、南开大学、海南大学、重庆大学、赤峰学院、天津市教育科学研究院等单位的有关专家、学者、教师、学生积极参与此项工作，没有他们的艰辛付出和辛勤劳动，编译工作将举步维艰。这项工作得到了大连理工大学出版社的大力支持，出版社的同志们不畏艰辛、不厌其烦、不计回报，为这套丛书的出版付出了难以想象的汗水和精力。对此，课题组由衷地表示感谢。

张德祥　李枭鹰
2019 年 9 月 8 日

目　录

韩　国 / 1

高等教育法　/ 3

终身教育法　/ 25

私立学校法　/ 43

教育公务员法　/ 84

残疾人特殊教育法　/ 109

社会教育法　/ 122

职业教育法　/ 127

职业教育和培训促进法　/ 132

产业教育促进法　/ 141

地方教育补贴法　/ 146

教育框架法　/ 154

科学教育促进法　/ 161

附　录 / 163

附录一　推动共建丝绸之路经济带和 21 世纪海上丝绸之路的愿景与行动　/ 165

附录二　教育部关于印发《推进共建"一带一路"教育行动》的通知　/ 173

后　记 / 179

韩 国

韩国,全称大韩民国,位于亚洲大陆东北部朝鲜半岛南半部,东、南、西三面环海,国土面积10.329万平方千米,人口约5 200万,为单一民族,通用韩国语,50%左右的人口信奉佛教、基督教、天主教等宗教。首都是首尔,人口约1 000万,面积605平方千米。

韩国自1953年起实行小学六年制义务教育,从1993年起普及初中三年制义务教育。高等教育机构80%为私立。2020年教育预算约72.5万亿韩元,较上年增长2.6%。全国有各类学校近2万所,学生1 100多万人,教师50多万人。著名大学有首尔大学、延世大学、高丽大学等。

韩国的基础教育包括小学6年,初中3年,高中3年,共12年;高等教育专科2～3年,本科一般4年,医科(含韩医、牙医)6年;研究生教育分硕士和博士两个阶段,硕士一般为2年,博士一般为3年。韩国实行四级学位制:专门学士学位、学士学位、硕士学位、博士学位。

专科毕业发毕业证书,同时授予专门学士学位;4年制本科毕业后发毕业证书,同时授予学士学位;医科6年毕业后发毕业证书,也授予学士学位,但可以申请攻读博士学位。

韩国实行专科教育的机构为专门大学;实行本科教育的机构为大学校(一般为综合性大学)或者大学;实行研究生教育的机构为大学院,大学院多数设在大学校里,也有单独设立的大学院。

韩国的高等教育机构根据设立形式和经费来源渠道,分为国立、公立、私立三种,授课语言通常使用韩国语,也有少数课程的授课语言为英语。

注:以上资料数据参考依据为中国外交部官方网站韩国国家概况(2020年5月更新)。

高等教育法

（本法自 2017 年 6 月 22 日起施行　2017 年 3 月 21 日第 14600 号法令，部分修正）

第一章　总　则

第一条　目　的

本法根据《教育基本法》第九条的规定，以厘定有关高等教育的事项为目的。

第二条　学校的种类

应为高等教育建立以下学校：

（一）普通大学；

（二）产业大学；

（三）教育大学；

（四）专门大学；

（五）放送大学、函授大学（以下简称网络大学）；

（六）技术大学；

（七）其他院校。

第三条　国立、公立、私立学校的区分

本法第二条的各学校（以下简称学校），分为由国家设立、经营的国立学校和国立大学集团，由地方自治团体设立、经营的公立学校（按照设立主体不同，可分为市立高校、道立高校），以及由学校法人设立、经营的私立学校。

第四条　学校的设立

（一）欲设立学校者，其设施与设备等应具备总统令规定的设立基准。

（二）国家以外的人欲设立学校，应取得教育部长官的批准。

（三）公立、私立学校的设立与经营者，欲废止学校或变更总统令规定的重要事项，应获得教育部长官的批准。

第五条　指导与监督

（一）学校接受教育部长官的指导与监督。

（二）教育部长官认为有必要对学校进行指导的，可以按照总统令的规定，要求校长提交有关资料。

第六条　校　规

（一）学校校长（建立学校或有意建立学校者）在相关法律的范围内，可制定或修订校规。

（二）校规的制定、修订等必要事项，由总统令规定。

第七条　教育财政

（一）为协助学校实现其办学目的，国家和地方自治团体可给予其必要的财政支持和补助。

（二）学校应当根据教育部的规定，公开预算与决算情况。

（三）教育部长官应制订十年总体规划，以扩大国家财政对高等教育的资助比例，具体表现为每两年制订一次高等教育扶持计划，并向国民大会有关常务委员会报告。

（四）如有必要，根据本条第三项制订总体规划和支持计划的规定，教育部长官可向相关中央行政机构负责人或地方政府负责人提出要求其提供相关数据的请求。除特殊情况外，相关中央行政机构负责人或地方政府负责人应当予以处理。

第八条　实验、实习等费用的支付

国家为了鼓励学术、学问研究与教育研究，应采取支付实验、实习费，研究辅助费或奖学金等必要措施。

第九条　支持校际合作

国家与地方自治团体应为学校间的教员交流与合作提供支持。

第十条　学校协作体

（一）普通大学、产业大学、教育大学、专门大学与网络大学等，为了高等教育的发展，可运作由各级学校代表所组成的协作体。

（二）本条第一项所指协作体的组织和运作应当遵守相关法律。

第十一条
入学费用和入学费用审议委员会

（一）学校的创办者或经营者，可以接受以现金、信用卡、借记卡或《信贷专门金融法》第二条所规定的预付卡等形式缴纳学费及其他费用（以下简称入学费用）。

（二）每所学校应当设立并运行由学校工作人员（包括民办高校教育基金会推荐的基金会成员）、学生、有关专家等组成的入学费用审议委员会，来确定入学费用。在此情况下，学生的人数应当超过法定人数的十分之三。

（三）学校的创办者或经营者,应当尽可能尊重入学费用审议委员会的审议结果。

（四）根据本款第二项设立的入学费用审议委员会应当根据《教育相关机构特殊事项信息公开法》第六条的规定,综合考虑每名学生的入学费用和教育支出费用情况、城镇职工家庭平均收入、本法第七条第三项规定的高等教育扶持计划以及入学费用比例（指入学费用占大学或学院教育支出总额的比例）等事项,合理确定当年的入学费用。

（五）需要确定入学费用的,入学费用审议委员会可以根据总统令的规定,要求学校校长提交有关资料。在这种情况下,除非有充分理由,否则已收到该项要求的学校校长必须遵守规定。

（六）入学费用审议委员会应当制作并保存会议记录,载明会议日期、会议时间、会议地点、会议纪要、会议决定事项等,并按照总统令的规定予以公布。总统令所规定的事项,包括那些被认为可能对个人隐私造成重大损害的事项,委员会通过决议后,不得公布全部或部分会议记录。

（七）入学费用增长率不得高于前三年居民消费价格平均涨幅的1.5倍。

（八）任何违反本款第七项规定的学校,教育部长官可对其施加行政或财政处分等。

（九）删除。

（十）本款第一项之入学费用征收、第二项之入学费用审议委员会的成立及运作、第八项之行政或财政处分等必要事项,由教育部规定。

评 估

（一）学校应当按照教育部有关规定,对教育科研、组织运行、设施设备等进行自查、评估,并予以公告。

（二）经教育部长官认可的机构（以下简称认可机构）,可以根据大学或者学院的要求,对大学或者学院的整体管理和课程（包括学院、院系、专业）的运行情况进行评估或者认证,开设医学、牙科学、中医、护理等学科课程的机构应当按照总统令的规定,向认可机构取得评估证明。

（三）应由教育部长官指定有关专业评估机构,本法第十条所指的协作体及促进学术研究的组织或团体等为认可机构。

（四）政府可以根据本款第二项进行的评估或认证的结果为大学提供行政和财政支持。

（五）本款第二项规定的评估或认证、第三项规定的认可机构的指定以及第四项规定的评估或认证结果的利用的必要事项,应由总统令做出规定。

教育统计调查

（一）教育部长官应当每年进行教育统计调查,收集学生、教师、行政人员、学校、教育行政管理机构的基本数据。为有效实施高等教育政策和研究高等教育,应当公布调查结果。

（二）教育部长官有权要求各高等教育机构的负责人,为进行本款第一项所述的教育统计调查提供资料。除特殊情况外,高等教育机构的负责人必须遵守规定。

（三）教育部长官可要求中央行政机构负责人、教育总管和有关机构负责人,包括根据《公共机构管理法》设立的公共机构负责人提供相关数据,将他们的数据与其他人的数据联系起来,以提高教育统计调查的准确性,简化与调查有关的事务。除特殊情况外,被请求机构的负责人必须遵守规定。

（四）教育部长官在进行教育活动时,可收集载有下列人员居民登记号码的个人资料,为达到统计调查、分析、核实等目的,可向本款第三项提及的机构提供或由其提供：

1. 受调查学校及教育行政管理机构的教师及行政人员；
2. 被调查学校的学生和毕业生。

（五）教育部长官可将通过教育统计调查收集的数据提供给打算使用这些数据的人。在这种情况下,数据应以具体个人、公司或组织无法被识别的方式提供,但不包括与《教育机构特殊事项信息公开法》有关的数据。

（六）为了有效地制定、实施和评价高等教育政策,教育部长官可以利用教育统计调查收集的数据,建立与教育有关的指标、估计统计等。

（七）教育部长官根据总统令的规定,为开展教育统计调查,可以指定全国教育统计中心并委托该中心办理。在这种情况下,教育部长官可以补贴指定和委托所需的费用。

（八）教育统计调查的对象、程序、结果公开等事项,除本款第一项至第七项规定的事项外,由总统令规定。

第二章　学生与学校人员

第一节　学　生

第十二条　学生自治活动

学生自治活动应当受到鼓励和保护,其组织和运作的基本事项,由学校章程规定。

第十三条　学生的惩戒

（一）学校校长根据学校章程和规章,视教育需要,可以对学生进行纪律处分。

（二）学校校长对学生进行纪律处分,应当遵循相应程序,如给相关学生自辩的机会。

第二节　学校人员

第十四条　学校人员的分类

（一）每一所学校(不包括其他院校,本条下同)应设有校长或作为学校校长的院长。

（二）学校设置的教员除根据本条第一项规定的校长与院长外,分为教授、副教授、助理教授。

（三）学校应配置运作所需的行政职员与助教。

(四)各级学校遵照本条第一项至第三项规定,配置学校所需的教员、职员与助教(以下称为教职员工)。

第十五条 教职员工的任务

(一)校长与院长统辖校务,监督所属教职员工,指导学生。

(二)教师应当教育和引导学生,并进行学术研究。如有必要,可以根据《产业教育及产学研合作促进法》第二条第六项的规定,由校规或企业章程确定,全面负责教育和指导学术研究或产学合作。

(三)职员负责学校的行政事务与其他事务。

(四)助教辅助有关教育、研究与学校事务。

第十六条 学校教师和助教的资格标准

学校教师或助教的资格标准和关于承认其资格的材料由总统令决定。

第十七条 兼职教师

学校可根据总统令的规定,在本法第十四条第二项的基础上,设置兼职教师、名誉教授与兼职讲师等负责教育或研究工作。

第三章 学 校

第一节 通 则

第十八条 学校的名称

(一)国立学校的名称由总统令确定,公立学校的名称由有关地方政府的法令确定,私立学校的名称由有关学校基金会的章程确定。

(二)在根据本条第一项确定学校名称时,"学院"或"大学"一词可与本法第二条所指的学校不同。

第十九条 学校的组织

(一)学校为了达到其设立目的,应在总统令规定的范围内,具备所需的组织架构。

(二)有关学校组织的基本事项,国立学校由总统令与校规规定;公立学校由地方自治团体的条例与校规规定;私立学校则由该学校法人的条例规定。

第二十条 学 年

(一)学校的学年自三月一日起至翌年的二月底止。

(二)有关学期、授课日数与休假日数等必要事项,在总统令规定的范围内,由校规制定。

第二十一条 教育课程的运作

(一)学校应根据校规制定课程,但与国内或国外大学合办的课程,应由总统令规定。

(二)课程的完成应以成绩和学分制等为基础,每学分的学习时间应由总统令规定。

第二十二条　授　课

（一）学校授课根据校规规定，可采用日间授课、晚间授课、季节授课、广播电视函授授课与实地实习授课等方式实施。

（二）必要情况下，学校为了提高学生的适应能力可根据校规开展实习活动。

第二十三条
学分规定

（一）下列任何一名学生（包括进入有关学校之前的学生）可被视为在总统令规定的范围内按照学校条例的规定在有关学校取得学分，但在本项第六目中，这种承认仅限于产业大学和专门大学：

1. 在任何其他国内或国外学校取得学分的；

2. 在根据《终身教育法》第三十一条第四项、第三十二条、第三十三条第三项规定提供与专门学校或大学毕业生同等学力的教育课程和学位的终身教育中心取得学分的；

3. 完成了相当于本法第二条第二项所述国内或国外高中和任何国内学校的大学课程的（包括根据任何其他法律设立的高等教育机构）；

4. 根据《兵役法》第七十三条第二项规定，请假服兵役或者强制服兵役，经远程学习取得学分的；

5. 根据《学分认定法》第七条第一项或第二项等规定由教育部长官承认学分的；

6. 在其他学校、研究机构、工业企业等学习、研究、实践或者为工业企业工作的。

（二）本款第一项第六目承认学分的必要事项，如学分确认标准和程序，应由根据总统令制定的学校条例规定。

转　学

成绩不符合下列规定之一或者高于学校规定标准的，可以按照学校规定选择转学：

（一）在国内或国外学校取得学分的；

（二）根据《学分认定法》取得学分的；

（三）根据《终身教育法》取得学分的。

家庭和学校

（一）国家和地方政府应当支持学生兼顾学校与家庭。

（二）学校校长应当努力改进学校内部阻碍学校与家庭并举的做法和制度，创造学校与家庭并举的教育环境。

请假离校

如有学生因下列任何理由而欲请假，则校长可要求任何学生按照学校条例的规定请假。在属于本条第一款规定的情况下，应予以准假：

1. 根据《兵役法》第七十三条第一项之规定应征入伍或服兵役；

2. 因身心紊乱而需长期休养；

3. 确有必要抚养不满 8 岁的儿童（指小学二年级以下儿童），或女学生怀孕或生育；

4. 学校条例规定的其他理由。

第二十四条 分 校

根据总统令规定,学校的任何创始人或经营者均可在获得教育部长官授权后在大韩民国或任何外国设立分支学校。

第二十五条 研究设施

学校为达到设立目的,可以建立科研院所等附属机构。

第二十六条 拓展课程

学校可根据学校条例为学生以外的人提供拓展课程。

第二十七条 外国博士学位的申报

（一）在外国取得博士学位的,应当按照总统令的规定向教育部长官备案。

（二）教育部长官应建立关于外国学校提供的学位课程的信息系统,例如外国学校现有的博士学位课程的现状,以及这些学位课程是否得到有关国家的认可等。

第二节 普通大学与产业大学

第一部分 普通大学

第二十八条 目 的

设立普通大学的目的在于陶冶人格,教授、研究国家和人类社会发展所需的文理科深层次理论与其应用方法,贡献于国家与人类社会。

第二十九条

研究生院的设立

（一）普通大学以及产业大学、教育大学与网络大学均可设立研究生院。

（二）研究生院可在学位课程之外,依其所需设置不授予学位的研究课程。

（三）有关在大学设置学位课程与研究课程及其运作等必要事项由总统令规定。

研究生院的种类

（一）研究生院按主要教育目的分为以下几种：

1. 普通研究生院：其主要教育目的是学习研究基本理论和进行高级学术研究。

2. 专业研究生院：其主要教育目的是应用专门职业领域人力资源培训所需的实际理论,并进行相关的研究和开发。

3. 特殊研究生院：其主要教育目的是为劳动者或普通成年人提供继续教育。

（二）普通大学（本法第三十条规定的研究生院大学或学院除外）可以有普通研究生院、专业研究生院和特殊研究生院；产业大学和师范大学可以有专业研究生院和特殊研究生院；网络大学可以有特殊研究生院；本法第三十条规定的研究生院大学或学院可以有专业研究生院或者特殊研究生院。

(三)本款第一项规定的专业研究生院设立和特殊研究生院设立的事项,由其他法律另行规定。

学位课程组合

(一)设有研究生院的大学、学院可以开设学士学位和硕士学位组合的课程。

(二)设有博士学位课程的研究生院可以开设硕士学位和博士学位组合的课程。

第三十条 研究生院大学或学院

如有必要对某一特定领域的专家进行培训,则可根据本法第二十九条第一款的规定建立仅设有研究生院的大学或学院(以下简称研究生院大学或学院)。

第三十一条 学 制

(一)大学、学院和研究生院的学年期限如下:

1. 学士学位课程四年至六年,学制为六年的,由总统令规定;
2. 学士学位和硕士学位组合的课程提供不少于六年的课程,所提供的学制不得少于学士学位和硕士学位课程学制的总和;
3. 硕士学位课程和博士学位课程,分别不少于两年;
4. 硕士学位和博士学位组合的课程提供不少于四年的课程,所提供的学制不得少于硕士学位和博士学位课程学制的总和。

(二)若某人的学分比根据总统令规定获得学位所需的学分还要高,不符合第一项规定的,本条第一项所述的学年期限可予缩短。

第三十二条 学生定员

各大学(包括产业大学、师范大学、专门大学、网络大学、技术大学和其他大学)的学生人数上限事项,由根据总统令要求制定的学校条例规定。

第三十三条 入学资格

(一)高中毕业或根据法规被认定具有同等或更高学力的人,有资格进入大学和学院(包括产业大学、师范大学、专门大学、网络大学,但不包括研究生院大学或学院)。

(二)凡符合本条第一项所指资格或就读有关学校并符合学校条例规定的标准的,均有资格修读学士学位与硕士学位组合的课程。

(三)拥有学士学位或根据法规被认定具有同等或更高学力的人,有资格修读硕士课程或硕士学位和博士学位组合的课程。

(四)拥有硕士学位的或根据法规被认定具有同等或更高学力的人,有资格修读研究生院的博士学位课程。

第三十四条
学生选拔方式

(一)任何大学或学院(包括产业大学、师范大学、专门大学、网络大学,但不包括研究生院大学或学院),应从具有第三十三条第一项所述资格的人中挑选通过正规选拔程序或特别选拔程序录取的学生。

(二)本款第一项所述的特别选拔程序的选拔时间表和实施时间表应由总统令规定。

(三)教育部长官可管理总统令规定的考试,将其作为入学选拔依据。

(四)根据本款第三项规定,本着公平原则,考试过程中作弊者,其考试结果无效,暂停考试资格一年,但对于有教育部长官确定的任何轻微不当行为的人,如存有或携带任何有碍于公平管理考试的违禁物品,或不遵守校监的任何指示,其参加考试的资格不得中止。

(五)根据本款第四项规定被暂停考试资格者,不得在暂停期内参加第三项所提及的考试。

(六)凡根据本款第四项被暂停考试资格的任何人,打算在暂停考试期满后参加第三项所述的考试,应按照教育部长官的规定,完成至少20小时的品格教育课程。

(七)本款第三项所述考试的准备工作中,市、道教育监长官可委托出题机构实施模拟考试。

(八)本款第三项和第七项所指的全部或部分试题在公开前,任何人不得泄露或散发。

招生干事

(一)在选择有资格进入相关学校的学生时,根据本法第三十四条第一款第一项的规定,选拔学生时除了考虑教育部长官管理的考试结果外,大学或学院的负责人还可以派遣一名学校教师或雇佣员工根据《初等和中等教育法》第二十五条规定的学生各种特征和经历信息,如学校注册记录、个性、能力、领导力、发展潜力和克服困难的经历来作为选拔学生入学的依据。

(二)为确保本款第一项规定的大学或学院的学生选拔过程有助于初等和中等教育制度的顺利运作和学生个人的成长和发展,教育部可根据《私立学校法》第二条鼓励任何大学或学院的校长和学校法人或私立学校的管理者招聘一名招生干事并实施招生干事制度,国家可资助招生干事的征聘和招生干事制度的运作。

对招生干事新就业工作的限制

根据《私立教学机构成立和运作法》第二条第一项的规定,招生干事不得根据《机构法》第二条第一项受雇于任何私立教学机构,也不得与其有任何连带关系,同时也不得受雇于任何专门为提供大学入学咨询服务的公司,不论其职称如何。但如果招生干事根据《教育公务员法》第五条获得人事委员会的批准,或根据《私立学校法》第五十三条的规定获得教师人事委员会的批准,则不适用于该规定。

学费

(一)任何大学或学院的负责人可以根据相关规定向申请普通学制和特殊学制的学生收取入学费用。

（二）大学、学院的负责人应当根据与上一年度入学审查有关的收入支出情况、当年收到的入学申请数量与当年招生人数的比较情况等，确定招生费用。教育部将根据与入学审查有关的收支项目和计算方法，确定入学费用标准。

（三）对申请入学的国家功勋人员、国家基本生活津贴获得者等总统令规定的人员，大学校长或学院的负责人可以降低或者免除其入学费用。

（四）如遇总统令未说明的特殊情况，例如申请入学的人缴纳学费出现错误或者因无法避免的情况不能通过选拔，根据总统令的规定，大学或学院的负责人应当退还全部或部分学费。

（五）根据总统令的规定，任何大学或学院的负责人在完成选拔工作后，须将与选拔有关的一切开支从有关收入中扣除后，将所余的款项交还申请选拔的人。

大学或学院招生计划的公布

（一）本法第十条提及的学校协作体应当于开学前至少六个月、每个申请年份的前两年，公布各大学或学院入学申请人选拔基本原则。

（二）为了公平进行常规选拔和特殊选拔并提供入学申请人的信息，各大学或学院的负责人应当根据本款第一项的规定在学年开始前至少10个月制订并公开各大学或学院入学申请人选拔实施方案。各大学或学院的负责人应当遵守入学申请人选拔基本原则。

（三）虽有本款第一项和第二项的规定，各大学或学院公开公布入学申请人选拔基本原则的时间，亦可能因各大学或学院入学申请人选拔实施方案的时间不同而有所不同，关于学校协作体、大学或学院的事宜由总统令规定。

（四）在学校协作体没有根据本款第一项和第二项的规定公布各大学或学院的入学申请人选拔基本原则，或各大学或学院的负责人没有根据本款第二项和第三项的规定公布入学申请人选拔实施方案的情况下，可以修改各大学或学院入学申请人选拔基本原则和选拔实施方案。若总统令指出的特殊事项发生，例如有关规程的制定或修订，则各大学或学院入学申请人选拔的基本原则和各大学或学院入学申请人选拔实施方案，可根据总统令的规定进行修改。

第三十五条　学位授予

（一）在大学或学院(包括产业大学、教育大学，但不包括研究生院大学或学院)按照校规规定修完课程者，可授予学士学位。

（二）在研究生院大学或学院修完校规规定的课程者，可授予硕士学位或者博士学位。

（三）毕业前中途放弃硕博连读的人，或未能获得博士学位但是符合学校授予硕士学位标准的人可授予硕士学位。

（四）毕业前中途放弃本硕连读的人，或未能获得硕士学位但是符合学校授予学士学位标准的人可授予学士学位。

（五）设有提供博士学位课程的研究生院的学校，可以授予荣誉博士学位。

（六）关于学位的种类和授予的必要事项，由总统令规定。

第三十六条 非全日制招生

(一)各大学和学院(包括产业大学和网络大学)可以根据本法第三十三条第一项的规定招收非全日制学生,允许他们在相关的大学或学院学习。

(二)根据本条第一项的规定,选拔非全日制入学人员的办法、招生人数等,由总统令规定。

第二部分 产业大学

第三十七条 目 的

设立产业大学的目的是培训将为国家和社会发展做出贡献的产业人力资源,为那些打算接受文理科深造或工业社会所需的专业知识继续教育的人提供接受高等教育的机会。

第三十八条 修业年限

产业大学的修业年限与在学年限,没有限制。

第三十九条 删 除

第四十条

产业集团的委托教育

(一)产业大学和网络大学可委托产业集团(包括以产业集团为成员的团体)实施教育。

(二)有关根据本款第一项规定的产业集团委托教育,其必要事项由总统令规定。

产业大学关闭后设立大学或学院的特殊情况

在本法生效时国家或任何教育基金会如打算关闭其设立和经营的产业大学,并设立新大学或学院,其设立标准,如设施、设备等,应满足总统令规定的特殊情况的要求。

第三节 教育大学

第四十一条 目 的

(一)教育大学以培养初级学校的教师为目的。

(二)师范大学或师范学院以培养中级学校的教师为目的。

(三)大学有特别需要的情况,可根据总统令的规定,设置以培养教师为目的的教育系。

第四十二条 教育大学的设立与修业年限

(一)教育大学由国家或地方政府设立。

(二)教育大学的修业年限为四年。

第四十三条 综合教师培训大学

(一)国家与地方政府有特别需要的情况,可根据总统令规定,设立能同时实现教育大学与师范大学功能的大学(以下简称综合教师培训大学)。

(二)除法律有特别规定的情况外,本法中有关教育大学的规定,适用于综合教师培训大学。

第四十四条 目 标

教育大学、师范大学、综合教师培训大学与教育系的教育,为了实现其设立的目标,应使学生达成以下目标:

(一)具有身为教育者的明确价值观与健全的教职伦理。

(二)领悟教育的理念与其具体的实践方法。

(三)确立身为教育者终身提高自身素质和能力的基础。

第四十五条 附属实习学校

(一)教育大学、师范大学与综合教师培训大学根据以下分类,附设实地研究与实习学校:

1. 教育大学:初级学校;
2. 师范大学:中级学校与高级中学;
3. 综合教师培训大学:初级学校、中级学校与高级中学。

(二)尽管有本条第一项的规定,但在特殊情况下,可以附设学校替代国立、公立、私立的初级学校、中级学校、高级中学与特殊学校。

(三)教育大学、师范大学与综合教师培训大学在必要时,可根据本条第一项,在附属学校之外,建立附属幼儿园、初级学校与特殊学校。

(四)在师范大学附属的幼儿园、小学、初中、高中、国立或者公立教育学院、综合性师范院校,应当开设特殊教育班。

(五)本条第四项特殊教育班的设置标准,遵守《残疾人特殊教育法》第二十七条的规定。

第四十六条 临时教师培训机构

(一)特殊情况下,教育部长官可以根据总统令的规定,设置临时教师培训机构和临时教师研究机构。

(二)教育大学、师范大学、综合教师培训大学的设立申请符合下列条件的,由教育部长官授权设立临时教师培训机构:

1. 有关机构的设施、人力、课程等符合本法第四条第一项所述的标准;
2. 设立的临时教师培训机构,因为有必要在短时间内培训教师,要兼顾相关资格、教育科目、相关地区的教育需求等。

第四节 专门大学

第四十七条 目 的

设立专门大学的目的是通过教授和研究社会各领域的专业知识和理论,培养国家和社会发展所必需的专业人才。

第四十八条　修业年限

（一）专门大学修业年限为二至三年，修业年限为三年的，由总统令规定。

（二）尽管有第一项的规定，但对于学分等于或超过学校条例所定学分的人，可按总统令的规定缩短修业年限。

第四十九条　深造课程

专门大学可以根据总统令的规定，开设专门针对大学毕业人员的继续教育专业课程。

第五十条　学位授予

（一）专门大学对修习完学制规定课程者，授予专门学士学位。

（二）有关专门学士学位的种类与授予，其必要事项由总统令规定。

（三）有关专门学士学位的注册，适用本法第三十五条第六项规定。

第五十一条
转　　学

专门大学毕业者或者根据法律被认定为具有同等学力者，可插班转学到普通大学、产业大学或网络大学。

附属幼儿园

专门大学（仅限于设立幼儿园教师培训系的专门大学）必要时可以进行实地调查，根据《幼儿教育法》第二十二条第二项的规定，建立附属幼儿园。

第五节　网络大学

第五十二条　目　　的

设立网络大学的目的在于通过信息通信媒介实行远距离教育，赋予国民接受高等教育的机会；培养国家与社会所需的人才，同时营造开放式学习和社会环境，实现终身学习。

第五十三条　网络大学的课程与修业年限

（一）网络大学可根据总统令的规定，设置副学士学位课程与学士学位课程。

（二）网络大学的副学士学位课程，其修业年限为两年；学士学位课程的修业年限为四年。

（三）网络大学可缩短本条第二项所述的修业年限，适用于根据总统令所制定的学校条例中所规定的修得学分超过获得学位所需学分的任何人。

第五十四条　学位授予

（一）网络大学的学士学位课程，对于修习完学制规定的课程者，授予学士学位。

（二）网络大学的副学士学位课程，对于修习完学制规定的课程者，授予副学士学位。

（三）根据本条第一项与第二项规定的学位种类与授予，其必要事项由总统令规定。

第六节　技术大学

第五十五条　目　的

设立技术大学的目的在于使产业界人员能够继续接受为了研究训练而设置的与其工作领域有关的专门知识与技术的教育,培养均衡具备理论与实践能力的专门人才。

第五十六条　技术大学的课程与修业年限

(一)技术大学设置副学士学位课程与学士学位课程。

(二)根据本条第一项规定的课程,其修业年限各为两年。

第五十七条　入学资格

(一)参加技术大学副学士学位课程的人员,是指在高中毕业的人员中,或者在法律规定的具有同等或更高学力的人员中,至少在总统令规定的期限内为企业工作的人员。

(二)技术大学学士学位课程的取得者,是在产业大学毕业或者法律承认具有同等或更高学力的人员中,在企业工作满总统令规定的年限的人员。

(三)技术大学的学生选拔,根据本条第一项与第二项的规定满足条件者,其选拔方式根据总统令,由学校条例规定。

第五十八条　学位授予

(一)修读技术大学副学士学位课程,并完成学校规定课程者,授予副学士学位。

(二)修读技术大学学士学位课程,并完成学校规定的课程者,授予学士学位。

(三)根据本条第一项与第二项规定的学士学位种类与授予,其必要事项由总统令规定。

第七节　其他学校

第五十九条　其他学校的概念和设立

(一)其他学校即与本法第二条第一至第六项中所列教育机构类似的学校。

(二)其他学校不得使用与本法第二条第一至第六项学校名称相似的名称。

(三)教育部长官可根据总统令的规定,将有关国立各种学校的设立与运作委托相关的中央行政机构长官。

(四)其他学校学位的授予同大学一样,是教育部对学习更高级别课程的学术资格的认可凭证,适用本法第三十五条第一项、第五项、第六项与第五十条的规定。

(五)有关其他学校的其他必要事项由教育部规定。

第四章　补充规定和处罚规定

第六十条　改正或变更法令

(一)学校因设施、设备、班级、校务及其他事项违反与教育有关的法令、命令或学校条例的,教育部长官可以责令学校创办人、经营人或者校长限期改正或修改。

(二)收到根据第一项制定的改正或变更命令者,有在认定的期限内毫无正当理由而未履行的情况,教育部长官可根据总统令的规定,要求其取消或停止该行为,并可采取缩减该校的学生定员数量、撤销学科或停止招生等措施。

第六十一条　临时或永久关闭学校

(一)因灾害等紧急事由,被认定为不可能正常授课的情况,教育部长官可命令学校停课。

(二)学校校长接到本条第一项的命令,应立即停课。

(三)根据本条第一项规定的要求,若出现校长拒绝停课或出现特别紧急事由的情况,教育部长官可采取关闭学校的措施。

(四)根据本条第一项与第二项规定被停课的学校,在停课期间停止授课与学生返校;根据第三项规定被停课的学校,在停课期间,除了单纯的管理事务外,停止学校全部工作。

第六十二条　学校的关闭

(一)在学校属于下列情况之一而不可能正常运作学校行政的情况下,教育部长官可命令该学校的学校法人关闭学校。

1. 学校校长或其设立、经营者,因故意或者重大过失而违反本法或者根据本法所发布的命令的情况。

2. 学校校长或其设立、经营者数次违反本法,或违反其他教育法令以及教育部长官命令的情况。

3. 除放假期间,未继续授课达三个月以上的情况。

(二)未被核准根据本法第四条第二项规定设立学校,以及根据本法第二十四条规定设立分校,使用学校名称或招收学生,而且事实上以学校形态运作者,教育部长官可下令关闭其设置、运作的设施。

第六十三条　听　证

教育部长官根据本法第六十二条规定下令关闭学校或设施的情况,应举行听证会。

第六十四条
处罚规定

(一)违反本法第三十四条第八项规定,将考试全部或者部分试题在公开前泄露、传阅的,处5年以下有期徒刑或者5 000万韩元以下罚金。

(二)有下列情形之一的,处3年以下有期徒刑或者3 000万韩元以下罚金:

1. 未取得根据本法第四条第二项规定设立学校的授权或者根据本法第二十四条规定设立分校的授权,擅自使用学校名义或者招收学生,以学校形式大量使用学校设施的;

2.违反本法第四条第三项规定,未取得关闭授权或者变更授权的;

3.根据本法第二十四条规定,以虚假或其他不正当手段设立分校的。

(三)有下列情形之一的,处1年以下有期徒刑或者1 000万韩元以下罚金:

1.准许不属于本法第三十三条和第五十七条规定范围的人进入学校的;

2.违反本法第三十五条第一项规定授予学位的人(包括根据本法第五十九条第四项,第五十条第一项,第五十四条第一项、第二项、第五十八条第一项、第二项规定授予学位的人);

3.违反本法第六十条第一项规定的更正、修改命令的;

4.违反本法第六十二条第一项规定,被责令关闭学校的。

公职人员适用刑罚规定的法律拟制

在适用《刑法》第一百二十九条至第一百三十二条时,招生干事及其监督人应被视为公职人员。

附则(第6006号法令,1999年8月31日)

本法自公布之日起施行。但第二十三条第二款第三项修正规定,自本法公布之日起满六个月后施行。

附则(第6400号法令,2001年1月29日)

第一条 执行日期

本法自公布之日起施行。(附文省略)

第二条至第四条 省 略

附则(第6709号法令,2002年8月26日)

本法自公布之日起施行。

附则(第7686号法令,2005年11月8日)

本法自2007年1月1日起施行。

附则(第7699号法令,2005年11月22日)

第一条 执行日期

本法自公布之日起施行。

第二条

本法第三十四条第四至第六项的修正规定,自本法生效后第一次审查时施行。

附则(第7961号法令,2006年7月19日)

第一条 执行日期

本法自公布之日起一个月后施行。

第二条

本法第三十四条第四项和第六项的修正规定也适用于 2005 年根据第三十四条第三项进行的任何审查中有任何不当行为的人。

附则(第 8240 号法令,2007 年 1 月 19 日)

本法自公布之日起三个月后施行。

附则(第 8388 号法令,2007 年 4 月 27 日)

本法自公布之日起六个月后施行。

附则(第 8483 号法令,2007 年 5 月 25 日)

第一条 执行日期

本法自公布之日起一年后施行。(附文省略)

第二条至第六条 省 略

附则(第 8497 号法令,2007 年 7 月 13 日)

本法自公布之日起施行,经修订的第二十三条和第五十条第二项的规定自 2008 年 1 月 1 日起施行。

附则(第 8542 号法令,2007 年 7 月 27 日)

本法自公布之日起两个月后施行。

附则(第 8638 号法令,2007 年 10 月 17 日)

第一条 执行日期

本法自公布之日起六个月后施行。

第二条 关于网络大学终身教育设施的过渡性措施

(一)根据《终身教育法》相关规定,以网络大学的形式建立和运营终身教育设施的任何人,如欲根据该法将相关设施转向网络大学,申请人应向教育部长官提出申请并获得批准。

(二)如果教育部长官根据本条第一项规定批准将网络大学形式的终身教育设施转换为网络大学,其应以网络大学的形式评估教育环境、课程管理或相关终身教育设施,并反映其结果。

(三)本条第一项和第二项所规定的转换申请、评估和批准程序等事项,由总统令规定。

第三条 毕业生的过渡办法

根据本法第二条第一项批准的网络大学形式的终身教育机构,其毕业生应被视为本法规定的网络大学毕业生。

第四条　学位的过渡办法

以网络大学形式运营的终身教育机构根据本法第二条第一项授予的学士学位,应当视为根据本法授予的学士学位。

第五条　学生的过渡办法

以网络大学形式运营的终身教育机构的学生根据本法第二条第一项的规定,应当视为网络大学的学生。

附则(第8852号法令,2008年2月29日)

第一条　执行日期

本法自公布之日起施行。(附文省略)

第二条至第七条　省　略

附则(第8988号法令,2008年3月28日)

第一条　执行日期

本法自公布之日起施行,修订后的第四十条第二项的规定自公布之日起六个月后施行。

第二条　关闭产业大学后建立新大学特殊情况的有效期限

第四十条第二项修正条款自本法施行之日起三年内有效。

第三条　关闭产业大学后建立新大学的特殊情况

本法第四十条第二项实施前,如有国家或教育基金会关闭产业大学并建立新的大学,国家或者设立、经营有关大学的教育基金会可以在12月31日前根据修订后的本法第十条第二项规定向教育、科学和技术部提出调整学生人数上限的申请。在这种情况下,教育部长官应在申请之日起30天内将结果通知国家或教育基金会。

第四条　关闭产业大学的学生过渡办法

(一)前述规定适用于因执行本法而关闭的产业大学的学生。

(二)因执行本法规定而关闭的产业大学,自关闭之日起仍可继续存在六年。

(三)在产业大学关闭期间因正当理由而无法毕业的学生,可以在产业大学关闭后进入其他相关的产业大学。

附则(第9536号法令,2009年1月30日)

第一条　执行日期

本法自公布之日起施行。

第二条　省　略

附则(第9936号法令,2010年1月22日)

本法自公布之日起三个月后施行。

附则(第10413号法令,2010年12月27日)

第一条 执行日期

本法自公布之日起一年后施行。

第二条至第十二条 省　略

附则(第10633号法令,2011年5月19日)

第一条 执行日期

本法自公布之日起六个月后施行。

第二条 适用于指定培训医务人员的部门

经修订的本法第五十条第三项的规定应当适用于本法生效后入学的学生,但是在其他学生(根据本法第五十条第三项的规定,在指定院系开设四年制课程时已经注册的学生)提出申请时也适用于其他学生。

附则(第10866号法令,2011年7月21日)

第一条 执行日期

本法自公布之日起施行,修订后的第十八条第二项自2011年11月20日起施行,第三条自2011年12月28日起施行,第六条第二项、第二十一条第一项、第二十九条第三项自本法施行之日起六个月后施行,第十四条第二项和附则第三条自本法施行之日起一年后施行。

第二条 关于取消专职教师职称的过渡性措施

(一)本法第十四条第二项修改的规定生效时,原来规定的专职教师为助理教授。

(二)本法第十四条第二项修正后的规定生效时,根据前条规定聘任的专任教师,其聘任时应视为根据本法聘任的助理教授。

第三条 省　略

第四条 与所有权变更后的其他法规的关系

在本法生效时,《高等教育法》中提及的任何其他法规中的全职教师的引用,应被视为助理教授。

附则(第11043号法令,2011年9月15日)

本法自2011年11月1日起施行。

附则(第11066号法令,2011年9月30日)

第一条 执行日期

本法自公布之日起三个月后施行,修订后的第四条自2012年7月22日起施行。

第二条至第四条　省　略

附则(第 11212 号法令,2012 年 1 月 26 日)

第一条　执行日期

本法自公布之日起施行,第十四条第二项、第十七条、修订后的第三条自 2018 年 1 月 1 日起实施。

第二条　兼职教师的过渡办法

学校可在修订后的规定生效时,根据先前的规定任命任何兼职教师,继续从事教育或研究工作,直至其任期届满。

第三条　省　略

附则(第 11384 号法令,2012 年 3 月 21 日)

第一条　执行日期

本法自公布之日起施行。(附文省略)

第二条　省　略

附则(第 11526 号法令,2012 年 12 月 11 日)

本法自公布之日起施行。

附则(第 11690 号法令,2013 年 3 月 23 日)

第一条　执行日期

(一)本法自公布之日起施行。

(二)省略。

第二条至第七条　省　略

附则(第 11766 号法令,2013 年 5 月 22 日)

第一条　执行日期

本法自公布之日起六个月后施行。

第二条　学费的适用范围

本法施行后的常规选拔程序或特别选拔程序,适用第三十四条第四项的修正规定。

附则(第 12036 号法令,2013 年 8 月 13 日)

第一条　执行日期

本法自公布之日起六个月后施行,经修正后的第二十九条第二项的规定自公布之日起施行。

第二条　网络大学课程缩减的适用性

修订后的本法第五十三条第三项同样适用于本法施行前已经在网络大学取得超过获得学位最低学分的人。

附则(第 12174 号法令,2014 年 1 月 1 日)

第一条　执行日期

本法自公布之日起施行,修订后的第三十四条大学或学院招生计划的公布的规定,自 2014 年 4 月 30 日起施行。

第二条　大学或学院入学申请人选拔方案的适用范围

修订后的本法第三十四条第五款第一项和第二项规定适用于各大学或学院 2017 年及以后的入学申请人选拔方案。

第三条　关于公布大学或学院入学申请人选拔方案的过渡措施

除本法第三十四条第五款第一项和第二项的规定外,2014 年 4 月 30 日前公布 2016 年各大学或学院入学申请人选拔基本原则,2014 年 7 月 31 日前公布各大学或学院入学申请人选拔实施方案。

第四条　关于学费的特殊事项

本法第十一条第七项关于 2015 年学费的相关规定,不适用国家设立管理的国民学校、国家设立的国家大学法人学校和由地方政府根据本法第三条进行管理的公立学校。

附则(第 13217 号法令,2015 年 3 月 13 日)

第一条　执行日期

本法自公布之日起施行。

第二条至第五条　省　略

附则(第 13571 号法令,2015 年 12 月 22 日)

本法自公布之日起六个月后施行。

附则(第 13702 号法令,2015 年 12 月 31 日)

本法自公布之日起施行。

附则(第 13819 号法令,2016 年 1 月 27 日)

第一条　执行日期

本法自公布之日起施行。

第二条至第五条　省　略

附则(第 14054 号法令,2016 年 3 月 2 日)

第一条　执行日期

本法自公布之日起施行,《高等教育法》部分修正案修订后的第十四条第一项的规定自 2018 年 1 月 1 日起施行。

第二条　关于校规的过渡办法

根据本法第二十三条第四项修订后的规定,授权列入学校条例的事项应符合以前的学校条例,直至自本法实施之日起一年内对相关的学校条例进行修订。

附则(第 14148 号法令,2016 年 5 月 29 日)

第一条　执行日期

本法自公布之日起施行。

第二条　违反次数的适用性

学校负责人、创始人或运营者违反本法或者本法实施前违反教育部长官根据其他相关教育法令颁发的任何规定的次数,根据本法第六十二条第二项的修正规定,应包括在违规次数的计算中。

附则(第 14391 号法令,2016 年 12 月 20 日)

本法自公布之日起施行。

附则(第 14600 号法令,2017 年 3 月 21 日)

本法自公布之日起施行。

终身教育法

(本法自 2017 年 5 月 30 日起施行 2016 年 5 月 29 日第 14160 号法令,部分修正)

第一章 总 则

第一条 目 的

本法以规定有关国家和地方政府促进《大韩民国宪法》和《教育框架法》规定的终身教育的责任、终身教育的制度及其运作的基本事项为目的。

第二条 定 义

本法使用的术语定义如下:

(一)所谓终身教育,是指学校常规课程以外的各种系统的教育活动,包括提高教育水平的补充教育、成人扫盲教育,提高能力的职业教育、人文博雅教育、文化艺术教育和公民参与教育。

(二)所谓终身教育机构,是指具有下列情形之一的机构、公司或组织:

1. 根据本法授权登记或报告的机构、公司或组织;

2. 提供终身职业培训的私立教育机构,但根据《私立教学机构与课外课程设立和经营法》为学校课程提供补充教育的机构除外;

3. 根据其他法规主要为终身教育而设立的机构、公司或组织。

(三)所谓扫盲教育,是指使人们获得基本生活能力,包括扫盲在内的社会文化需要的教育活动。

第三条 与其他法律的关系

本法适用于终身教育,但其他法律另有规定的除外。

第四条 终身教育的原则

(一)保障公民享有平等的终身教育机会。

(二)终身教育以个人自觉、自愿学习为基础。

(三)终身教育不得被用于宣传政治和个人偏见。

(四)对于已完成一定学业者,应给予其相应的社会待遇,如相关资格和教育程度的认定。

第五条 国家和地方政府的职责

(一)国家和地方政府应当建立并推广终身教育促进政策,为所有有机会接受终身教育的人提供机会。

(二)国家和地方政府应当制定并实施残疾人终身教育政策,使残疾人有接受终身教育的机会。

(三)国家和地方政府应当积极鼓励本行政区域内的组织、机构、营业场所的创始者开展终身教育。

第六条 课　程

终身教育的课程、方法、时间等,由开展终身教育者规定,本法和其他法律另有规定的除外,并应当特别考虑学习者的需求和实用性。

第七条 公共设施的使用

(一)在不违反法律规定的公共设施原始用途、不破坏公共设施的前提下,开展终身教育者可以利用公共设施进行终身教育。

(二)在本条第一项规定条件下,除非有特殊情况,否则公共设施管理人员应当允许开展终身教育者使用公共设施。

第八条 学习假期与学习费用支持

国家、地方政府以及其他企事业单位的负责人为了给职工提供更多接受终身教育的机会,可以给予职工带薪或不带薪的学习假期,或给职工提供学习的图书费、学费、教育费、科研费等费用。

第二章　终身教育促进总体规划

第九条 终身教育促进总体规划的确立

(一)教育部长官每五年制定终身教育促进总体规划(以下简称总体规划)。

(二)总体规划应当包括以下内容:

1.关于终身教育促进的中长期政策目标和基本方向的事项;

2.关于终身教育基础设施和终身教育促进的事项;

3.关于终身教育促进投资和所需经费的事项;

4.关于终身教育促进政策分析与评估的事项;

5.关于促进残疾人终身教育的事项;

6.关于促进残疾人建设终身教育政策的评估的事项;

7.其他终身教育促进的必要事项。

(三)教育部长官应当将总体规划通知中央行政机关负责人、特别市及特别自治市市长、特别自治道及道知事、广域市市长、教育监长官和相关负责人。

第十条　终身教育促进委员会的成立

（一）在教育部长官的监管下成立终身教育促进委员会（以下简称促进委员会），审议有关终身教育促进政策的重大事项。

（二）促进委员会可以审议以下事项：

1.关于总体规划的事项；

2.关于终身教育促进政策的评估和制度完善事项；

3.关于支持终身教育职业的合作与职业调整事项；

4.其他总统令规定的关于终身教育促进政策的事项。

（三）促进委员会的成员人数为20人以下，包括委员会主席。

（四）教育部长官应当作为促进委员会的主席，其成员由主席委托教育部副长官从相关部委和机构中遴选，应选择有足够专业知识和终身教育经验的人，例如关于终身教育或残疾人教育方面的专家。

（五）关于促进委员会的组成和工作的必要事项，由总统令规定。

第十一条　终身教育促进年度实施计划的制订与实施

市长、知事应当根据总体规划，制订并实施终身教育促进年度实施计划（以下简称实施计划），并且应当与市或道的教育监长官进行协商。

第十二条　市、道终身教育理事会

（一）应当在市长、知事的指导下根据本法设立市、道终身教育理事会，就制订和执行计划所需的事宜进行讨论。

（二）市、道终身教育理事会的人员数量不超过20人，包括主席和副主席。

（三）市长和知事分别担任市理事会和道理事会的主席，市教育副督导和道教育副督导担任市理事会和道理事会的副主席。

（四）市、道终身教育理事会的成员由主席与教育主管协商确定，应选择具有专业知识和经验的人，如相关政府官员、终身教育专家、残疾人终身教育专家和相关运营商的负责人。

（五）市、道终身教育理事会的人员构成与工作内容等必要事项，由相关地方政府规定。

第十三条　相关行政机关负责人的合作

（一）如有需要制订总体规划，教育部长官应当要求有关行政机关负责人或其他机构负责人提供相关数据。

（二）如有需要制订总体规划，市长和知事应当要求有关机构或其他机构或组织的负责人提供相关数据。

（三）除有特殊情况外，本条第一项和第二项中被要求提供数据的相关机构或组织的负责人应当予以合作。

第十四条　市、郡、自治区终身教育理事会

（一）应当在市、郡、自治区建立市、郡、自治区终身教育理事会，调整与实施同公民终身教育相关的项目，并促进相关机构间的合作。

（二）市、郡、自治区终身教育理事会的成员不超过12人，包括主席和副主席。

（三）市、郡、自治区负责人担任市、郡、自治区理事会的主席，市、郡、自治区理事会的成员由主席与教育主管协商确定，应选择具有专业知识和经验的人，如相关政府官员、终身教育专家、残疾人终身教育专家和相关运营商的负责人。

（四）关于理事会的组成和工作等必要事项，由地方政府规定。

第十五条　终身学习城市

（一）国家可以指定并支持市、郡、自治区设立促进社区终身教育的终身学习城市。

（二）可以设立全国终身学习城市理事会，促进终身学习城市之间根据本条第一项规定建立联系和合作，开展信息交流。

（三）本条第二项所述的全国终身学习城市理事会的构成与运作的必要事项，由总统令规定。

（四）本条第一项所述的全国终身学习城市的指定与支持等必要事项，由教育部长官规定。

第十六条　补贴和支持

（一）根据本法和其他法律的相关规定，国家和地方政府可以运作或支持终身教育促进项目：

1.终身教育机构的建立与运行；

2.根据本法第二十四条规定的终身教育合格教师的培养与聘任；

3.终身教育项目的发展；

4.其他开展促进公民终身教育参与的项目等。

（二）地方政府负责人可以按照当地政府的规定，为居民开展或者支持终身教育促进项目。在此情况下，地方政府负责人应当同教育行政负责人或教育主管进行协商。

第十七条　指导与支持

（一）国家和地方政府可以根据终身教育机构的要求，对终身教育活动提供指导和支持。

（二）国家和地方政府可以根据终身教育机构的要求，对从事终身教育活动的人员进行必要的培训，提高其能力。

第十八条　终身教育数据研究

（一）教育部长官和市长、知事应当审查基本数据，并公布与审查相关的数字。

（二）负责终身教育工作的人员和开办终身教育机构的人员应当配合依据本条第一项所进行的审查。

第三章　国家终身教育机构及其他机构

第十九条
国家终身教育机构

(一)国家设立国家终身教育机构,支持与终身教育促进相关的事宜。

(二)国家终身教育机构是一个法人实体。

(三)国家终身教育机构应当在其主要办事处所在地登记时成立。

(四)国家终身教育机构应当履行以下职责:

1.支持和审查终身教育;

2.支持由促进委员会制定的总体规划;

3.支持发展终身教育事业;

4.培养和培训从事终身教育的人员,包括根据本法按第二十四条规定认证的终身教育教师;

5.进行终身教育机构衔接体系建设;

6.根据本法第二十条规定向市、道提供终身教育支持;

7.进行终身教育综合信息系统的建设与运行;

8.负责《学分认定法》和《自学教育学位法》规定的学分认定、学历认定等事项;

9.根据本法第二十三条对学习记录进行综合管理和操作,负责扫盲教育的管理和运行事项,履行根据本法或者其他法规规定的职责;

10.为实现国家终身教育机构目标所需的其他必要工作。

(五)国家终身教育机构章程中应当包括以下内容:

1.目标;

2.名称;

3.总办事处的位置;

4.与业务相关的事项;

5.与行政管理人员和从业人员相关的事项;

6.与董事会相关的事项;

7.财产、会计事项;

8.机构章程的修改事项。

(六)如果国家终身教育机构修改本条第五项规定的内容,应当征得教育部长官的同意。

(七)国家可以在预算范围内对国家终身教育机构的建立和运营所产生的费用提供支持。

(八)除本法另有规定外,《民法》中关于注册基金会的规定同样适用于国家终身教育机构。

国家残疾人终身教育促进中心

(一)国家为残疾人设立国家残疾人终身教育促进中心,以支持和促进与残疾人终身教育相关的事宜。

(二)国家残疾人终身教育促进中心履行以下职责:

1. 为促进残疾人终身教育提供必要的支持;
2. 促进委员会审议的总体规划中所述的有关促进残疾人终身教育的职责;
3. 支持按照残疾的类别发展终身教育计划;
4. 培养和训练残疾人终身教育参与人员,培训与残疾人沟通的政府工作人员;
5. 建立残疾人终身教育机构联系体系;
6. 为发展性残疾人士的终身教育提供课程;
7. 为发展性残疾人士发展和传播通信工具;
8. 支持建立实施残疾人终身教育的各级学校和机构;
9. 按照残疾的类别为残疾人分发终身教育教材和工具;
10. 为履行残疾人终身教育促进中心宗旨所必须履行的其他职责。

(三)建立和运营残疾人终身教育促进中心的必要事项,由总统令规定。

第二十条

建立市、道终身教育机构

(一)市长、知事可以根据总统令的规定,建立市、道终身教育机构。

(二)市、道终身教育机构履行以下职责:

1. 向有关地区提供终身教育的机会和信息;
2. 终身教育辅导;
3. 终身教育项目的运营;
4. 区域内终身教育机构衔接体系建设;
5. 其他有必要促进终身教育的事宜。

建立残疾人终身教育设施

(一)国家、地方、市、道教育主管部门可以在其管辖范围内建立、指定或运营残疾人终身教育设施,为残疾人终身教育提供机会,促进残疾人终身教育事业的发展。

(二)除了国家、地方、市、道教育主管部门外,根据本法第一条的规定,任何想要建立残疾人终身教育设施的人,应当根据总统令的规定,登记相应的设施和设备。

(三)国家和地方政府可以在预算范围内补贴残疾人终身教育设施的使用费用。

第二十一条

市、郡、自治区终身学习大厅的建立与运营

(一)教育监长官应当在市、郡、自治区内建立终身学习大厅,运营开展终身教育项目,为辖区内居民提供终身教育机会。

(二)市、郡、自治区负责人可以开展必要的业务,促进相关地方政府终身教育事业的发展,例如设立终身学习大厅或者提供财政援助等。

(三)终身学习大厅应履行以下职责:

1.终身教育事业的发展和运营,包括残疾人终身教育事业的发展和运营;

2.终身教育咨询;

3.教育和培养终身教育人才;

4.收集和提供有关终身教育的资料;

5.根据本法第二十一条第三项规定,支持邑、面、洞终身学习中心的建立;

6.其他促进终身教育的必要事项。

(四)关于本法第一条和第二条规定的终身学习大厅的设立运营等必要事项,由有关地方政府规定。

残疾人终身教育课程

(一)在考虑有关学校的教育环境基础上,根据《幼儿园教育法》第二条第二项、《初等和中等教育法》第二条的规定,幼儿园园长、初等和中等教育学校的校长应当为残疾人设立终身教育课程或根据《残疾人福利法》的规定开设继续教育课程。

(二)终身教育机构可以为残疾人开设单独的终身教育课程,增加残疾人终身教育的机会。

(三)国家终身教育机构应当采取措施,增加残疾人终身教育机会和残疾人终身教育项目。

(四)本法第二十条所述的市、道终身教育机构应当为残疾人开设终身教育课程。

邑、面、洞终身学习中心的运作

(一)市、郡、自治区的负责人应当为其辖区居民建立终身学习中心,提供终身教育,并为邑、面、洞终身学习中心提供建议。

(二)根据本款第一项的规定设立的邑、面、洞终身学习中心,其建立与运营,由相关地方政府规定。

第二十二条　促进与信息化有关的终身教育

(一)国家和地方政府应与各级学校、民间组织、企业等联系,努力实现教育信息化,开发与信息化有关的终身教育课程。

(二)国家和地方政府可以按照总统令的规定建立一个系统,收集和提供有关讲师的信息,以便各级学校、终身教育机构等能够利用必要的人力资源。

第二十三条　学习记录

(一)教育部长官为促进公民终身教育、人力资源开发和管理,应努力引进和运行学籍制度(指全面、深入地管理个人学习经历的制度)。

（二）教育部长官可根据总统令的规定，评估和授权由本条第一项所述学习记录系统管理的学习课程。

（三）如果根据本条第二项设立和经营的已接受评估和授权学习课程的终身教育机构属于以下任何一种情况，教育部长官可撤销此类评估和授权：

1. 以虚假或者其他非法手段获得评估、承认的；
2. 违反本条第二项评估和授权的内容，开办课程的；
3. 不符合本条第二项规定的评估和授权标准的；

（四）如果根据本条第二项和第三项的规定，教育部长官做出撤销评估和授权决定，应当根据总统令的规定向终身教育机构负责人发出包括整改期限和程序的改正令。

（五）根据本条第四项规定发出改正令后，教育部长官可以要求终身教育机构的负责人公布已经收到改正令的事实。

第四章　终身教育教师

第二十四条
终身教育教师认证

（一）教育部长官应向下列任何人授予终身教育教师的合格资格，以教育终身教育专业人员：

1. 在根据《高等教育法》第二条设立的学校(以下简称大学)或公认具有教育成就的机构至少获得终身教育相关学科一定程度的学分，获得大学以上学历，并已取得学位的人；
2. 根据教育部长官规定在教育和培训机构学习终身教育相关科目并取得一定学分，根据本法相关规定获得评估和认证，获得学位的人；
3. 任何从大学毕业或被确认具有大学以上学历，并在法令确定的终身教育相关科目中至少获得一定学分的人，或在教育程度相当于或高于大学的机构并由本法第二十五条规定的认证终身教育教师的教育机构获得一定学分的人；
4. 任何总统令规定的其他具有资格的人。

（二）经过认证的终身教育教师应当履行计划、实施、分析、评价终身教育教学的职责。

（三）符合下列条件之一的，不得成为经过认证的终身教育教师：

1. 根据本法第二十四条第二款规定被取消资格不满三年的(不包括根据本法第二十八条第二项第一目规定的原因而被取消资格的情况)；
2. 违反本法第二十八条第二项第一至第五目规定的人。

（四）认证终身教育教师的登记、职责范围、学习课程、培训、发证程序等必要事项，由总统令规定。

（五）教育部长官可根据《教育部条例》第一项的规定，对拟颁发或补发终身教育教师认证资格证书的教师收取费用。

取消注册终身教育教师资格

如果一名经认证的终身教育教师属于下列情况之一,教育部长官应取消其资格:

(一)通过虚假或其他不公正手段获得终身教育教师资格。

(二)允许任何其他人使用其姓名认证终身教育教师资格,或将其证书借给任何其他人使用。

(三)根据本法第二十四条终身教育教师认证第三项内容,被剥夺资格。

第二十五条　注册终身教育教师培训机构

(一)教育部长官可以指定终身教育机构作为终身教育教师培训认证的机构,根据总统令的规定考察终身教育教师认证培训所需的必要设施、课程和教师等。

(二)删除。

第二十六条　认证的终身教育教师安置与聘任

(一)根据本法第二十四条第一款第一项的规定,经认证的终身教育教师应当安置在终身教育机构。

(二)根据《幼儿教育法》《初等和中等教育法》《高等教育法》的规定,任何幼儿园和学校的负责人可在必要时雇佣经认证的终身教育教师从事终身教育项目的运作。

(三)经认证的终身教育教师应当安置于本法第二十条所述的市、道终身教育机构,本法第二十条第二款所述的残疾人终身教育机构,本法第二十一条第三款所述的邑、面、洞终身学习中心。

(四)本条第一至第三项规定的接受终身教育认证教师就职的机构和任用标准,由总统令规定。

第二十七条　聘请认证终身教育教师的补贴

国家和地方政府根据本法第二十六条第二项的规定,对实施终身教育项目和聘任经认证的终身教育教师所发生的费用等给予补助。

第五章　终身教育机构

第二十八条　终身教育机构的建立

(一)终身教育机构的创办人应当通过开展多种终身教育活动,为社区居民的终身教育做出贡献。

(二)下列人员不得成为终身教育机构的创办人:

1.被成人监护或者有限监护的人;

2.无劳动监禁或者法院宣告从重处罚而被判处有期徒刑未满三年的(包括认为执行完毕的案件)或者被免除执行的人;

3.被暂停执行无劳动监禁或法院宣布的更严厉处罚的人;

4.被法院裁决或者其他行为中止或者撤销资格的人;

5.根据本法第四十二条规定,被撤销授权、注销登记或者中止终身教育课程,尚未满三年的人;

6.符合本条第一项至第五项任何一款的公司执行董事。

(三)终身教育机构的创办人,应当在终身教育机构的经营中,采取必要的安全措施,如根据市、道的相关法律的规定,申购保险或参加互助业务,以保证对有关机构的使用者的生命和身体损害给予赔偿。

(四)在下列任何情况下,终身教育机构的创办人或经营者应按照总统令的规定,采取措施保护学生,如退还学费:

1.撤销设立或注册终身教育机构的授权,或根据本法第四十二条相关规定关闭或中止终身教育课程;

2.终身教育机构的创办人或经营者无法提供教育课程;

3.学习者自愿放弃学习;

4.在总统令规定的保护学生的其他情况下。

(五)终身教育机构的创办人应是《私立学校法》规定的学校法人或《公共利益企业设立和运作法》规定的法人。

第二十九条 学校终身教育

(一)《初等和中等教育法》和《高等教育法》规定的各级学校的校长,在进行终身教育时,应从使用者的角度,根据终身教育的理想,制定和实施基于终身教育理念的课程和方法,并努力发展以学校为中心的社区和区域文化。

(二)各级学校的校长可考虑有关学校的教育情况,或委托地方政府或非政府机构进行终身教育,直接进行符合学生、家长及社区居民需要的终身教育,但排除任何具有商业目的的公司和组织。

(三)各级学校的教室、图书馆、体育馆等设施,由学校根据本条第二项加以利用,实施终身教育。

(四)凡各级学校的校长根据本条第二项及第三项开办学校,有关机构在开放时间内的管理及运作所需的事宜,须由地方政府有关机构的条例订明。

第三十条 附属终身教育机构

(一)各级学校的校长可以设立和经营终身教育机构,对本辖区内的学生、学生家长和居民进行文化教育和职业教育。设立终身教育机构的,由校长向主管机关提出报告。

(二)大学校长可以开设多种终身教育课程,包括职业教育课程等,帮助本科生和本科生以外的其他人员取得学历。

(三)各级学校应当配备便于开展多种形式的终身教育的设施、设备。

第三十一条 校园式终身教育机构

(一)设立和经营校园式终身教育机构,应当在具备总统令规定的设施、设备后,向教育行政部门备案。

(二)教育主管可以指定满足高于某一标准的要求的任何学校类型的终身教育机构,如在本条第一项所述的学校型终身教育机构中,该机构的毕业生被认定为具有高中或较低的教育层次毕业生的教育程度;教育主管可指定任何学校,但如果该机构不正当地将地方政府根据第六项提供的补贴用于指定用途以外的任何目的,教育主管可取消指定。

(三)《初等和中等教育法》第十九条第一项规定的教师可在教育机构任职,其教育程度在本条第二项中得到承认。在这种情况下,国家和公立学校教师条例应比照适用于教师的服务、国内培训和再培训条例。

(四)根据《初等和中等教育法》第五十四条第四项设立和开办主要系所的高等技术学校,可转变为终身教育机构并作为终身教育机构运作,在获得教育部长官批准后,其毕业生被认为具有与大专毕业生同等的教育程度和学位。在这种情况下,它可以使用专业学院的名称。

(五)关于学校类型终身教育机构的指定和取消、入学标准、教师资格等标准和程序等必要事项,本条第二项受教育程度的认可,本条第四项规定的授权标准、程序、管理学术事务等操作方法,以及终身教育机构的其他事项,由总统令规定。

(六)地方政府可在有关地方政府法令规定的预算范围内,向本条第二项认可的终身教育机构提供相当于《初等和中等教育法》第二条规定的学校的必要补贴或其他资助。

(七)如果任何根据本条第二项被指定为终身教育机构负责人的人打算关闭该机构,他应通过总统令规定的事项,例如处理在册学生的措施,获得有关教育主管的批准。

(八)《私立学校法》第二十八、第二十九条和第五十三条第二款第九项应比照适用于根据本条第二项认可的教育程度的终身教育机构的财产管理、会计和教师招聘等规定,《初等和中等教育法》第七条和第二十五条第一项应比照适用于鼓励学生学习和维护学生学校生活记录的指导等规定。但是,作为学校费用核算的一部分,预算编制、结算和会计应按照教育部法令规定的方法进行。

第三十二条 校内学院式终身教育机构

(一)营业地的规模超过总统令的规定的,经教育部授权,其经营者可设立和经营终身教育机构,其毕业生的教育程度和学位与大专或大学毕业生相同。

(二)本条第一项规定的校内学院式终身教育机构,应当面向下列人员:

1.在有关营业地工作的本公司的雇员;

2.在有关营业地工作的另一公司的雇员;

3.有关营业地的分包商(以任何其他方式提供零部件、材料)或与有关营业地合伙的公司的雇员。

(三)根据本条第一项因校内学院式终身教育机构提供教育所缴纳的费用,原则上须由本条第二项所指的人员的雇主承担。

(四)本条第一项所规定的校内学院式终身教育机构的设置标准、学分制运作等必要事项,由总统令规定。

(五)本条第一项所指的拟关闭校内学院式终身教育机构的人员,应向教育部长官提出报告。

第三十三条　远程大学式终身教育机构

(一)任何人都可以通过向许多指定或未指定的人提供远程教育或利用信息和通信媒体向他们提供各种信息来进行终身教育。

(二)如果任何人想要为未指定的人根据本条第一项的规定进行指导(不包括根据《私立教学机构和课外课程设立和运营法》第二条专门教授正规学校课程的私立教学机构),其应按照总统令的规定,向教育主管提交一份报告。停止实施远程教育的,应当告知教育主管机关。

(三)任何人根据本条第一项设立、经营的远程大学式终身教育机构,其毕业生被承认具有与大专或大学毕业生相同的教育程度和学位,应按照总统令的规定获得教育部的授权。如果他打算关闭该机构,应就此向教育部长官提交一份报告。

(四)教育部长官对本条第三项授权的远程大学式终身教育机构进行评估,并公布评估结果。

(五)本条第三项规定的远程大学式终身教育机构的设立标准和操作方法,如学术管理等必要事项和本条第四项规定的评价事项,由总统令规定。

(六)任何属于本法第二十八条第二项规定范围的人,不得成为远程大学式终身教育机构的创办人。

第三十四条　参照使用的规定

《私立学校法》第二十八条、第二十九条、第三十一条及第七十条的规定适用于根据本法第三十三条第一项设立、经营的远程大学式终身教育机构。

第三十五条　与营业地有关的终身教育机构

(一)营业地的规模超过总统令规定的,其经营者可以在有关经营场所为客户设立、经营终身教育机构等。

(二)任何人根据本条第一项设立与营业地有关的终身教育机构,须按总统令的规定,向教育主管机关提交有关报告。关闭终身教育机构的,应当告知教育主管机关。

第三十六条　与公民和社会组织相关的终身教育机构

(一)公民和社会组织应当努力构建组织合作系统,利用闲置的设施,包括公共设施和私人设施,提供符合这些组织目标的终身教育课程。

(二)总统令规定的公民和社会组织可为公众建立和经营终身教育机构。

(三)任何人如打算根据本条第二项设立和经营与公民及社会组织相关的终身教育机构,须按照总统令的规定,向教育主管机关提交有关报告。关闭这类机构的,应告知教育主管机关。

第三十七条　与新闻机构相关的终身教育机构

(一)经营报刊、广播电台等新闻机构的人,应当通过新闻媒体播放各种终身教育节目,为促进人民终身教育做出贡献。

(二)经营总统令规定的新闻机构的人,可以设立和经营终身教育机构,以促进文化建设和提高人民的能力。

(三)任何人拟根据本条第二项的规定设立附属于新闻机构的终身教育机构,须按照总统令的规定,向教育主管机关提交有关报告。关闭这类机构,应告知教育主管机关。

第三十八条
与知识和人力资源开发项目有关的终身教育机构

(一)国家和地方政府应通过提供知识和信息以及教育和培训,促进旨在开发知识和人力资源的项目。

(二)本款第一项中从事知识和人力资源开发项目的人员,若符合总统令规定,可设立和经营终身教育机构。

(三)任何人如打算根据本款第二项设立与知识和人力资源开发项目有关的终身教育机构,应按照总统令的规定,就此向教育主管提出报告。关闭这类机构,应告知教育主管机关。

终身教育机构变更的授权、登记等

(一)根据本法第三十一条至第三十三条和第三十五条至第三十八条规定,获得终身教育机构授权或登记和报告的人,如打算修改已获批准的事项或已做出登记和报告的事项,应按照总统令的规定获得批准,或对修正案进行登记和报告。

(二)根据本款第一项做出的修订而进行的授权或注册及报告所需的方法、程序等事宜,须由教育部的法令规定。

第六章　扫盲教育

第三十九条
扫盲教育的实施

(一)国家和地方政府应当努力提高人民的基本能力,如成人进行社会生活所需的识字能力。

(二)教育主管机关可根据总统令的规定,在其管辖范围内的小学和中学实施扫盲教育方案,或指定地方政府、公司等实施扫盲教育方案。

(三)国家和地方政府可按照总统令的规定,优先向本款第二项规定的扫盲教育方案提供财政援助。

设立扫盲教育中心

(一)国家应在国家终身教育机构下设立国家扫盲教育中心,以促进扫盲教育。

(二)市、道教育监长官或政府主管可设立、指定和经营市、道扫盲教育中心。

（三）国家扫盲教育中心和市、道扫盲教育中心的组成、职能、运作及其他有关事项，由总统令规定。

第四十条
扫盲教育方案的课程

完成根据本法第三十九条设置或指定的扫盲教育方案人员的教育程度应得到相应的承认，编制课程所需的事项、承认教育程度的程序等应由总统令规定。

综合扫盲教育信息系统的建立、运行

（一）教育部长官可建立和运行综合扫盲教育信息系统，以有效支持扫盲教育。

（二）教育部长官可委托国家扫盲教育中心负责综合扫盲教育信息系统的运作。

（三）本款第一项所称综合扫盲教育信息系统的建立和运行的必要事项，第二项规定的综合扫盲教育信息系统的委托运行和其他有关事项，由总统令规定。

第七章　终身学习成果的管理与确认

第四十一条　承认学分、教育程度

（一）任何人完成本法规定的终身教育课程或根据本法承认的终身教育课程以外的其他法规的教育程度，可获取学分或获得《学分承认法》承认的教育程度等。

（二）下列人员可以获得《学分承认法》承认的有关学分或者教育程度：

1.在各级学校或终身教育机构完成各种文化课程或取得资格所需的课程者；

2.在工业企业接受某些教育后获得内部承认资格者；

3.通过国家和地方政府、各级学校、工业企业或民间组织等进行的资格测量考试取得资格认证者；

4.持有《保护和促进非物质文化遗产法》所承认的国家非物质文化遗产者，或因继承这类非物质文化遗产而受持有人辅导的任何其他人；

5.通过总统令规定的考试者。

（三）各级学校和终身教育机构的负责人，可以根据本法相关规定，承认学生在国内外各级学校、终身教育机构取得的交叉学分、教育程度或学位。

第八章　补充条款

第四十二条
行政处分

（一）如果终身教育机构的创始人符合下列任何一项，教育部长官或教育主管机关可撤销其设立此类机构或关闭终身教育课程的授权或注册，并命令终身教育课程的运作在不超过一年的固定期间内全部或部分终止，但在本款第一至第四项的情况下，授权和登记应予撤销：

1. 其已获得授权或注册,或通过欺诈或其他不正当手段提交报告；
2. 其机构未达到授权或注册标准；
3. 以不正当手段管理和经营其终身教育机构；
4. 属于本法第二十八条第二项任何一款规定的理由；
5. 其未经授权对其终身教育机构做出修正,或未经登记和报告,违反本法第三十八条第二项的规定。

（二）教育部长官或教育主管机关可下令纠正或改正违法行为,允许至少一个月的改正期限,然后根据本款第一项命令将终身教育课程全部或部分停课。

指导或监督

（一）教育部长官或教育主管机关可就会计管理和经营状况等事项为获得设立或指定授权或已登记或报告的终身教育机构提供指导或监督。

（二）在根据本款第一项进行所需指导或监督时,教育部长官或教育主管机关可要求有关终身教育机构的负责人按照总统令的规定提交材料,或给予其必要的指示。

第四十三条 听证会

如果教育部长官或教育主管机关打算采取下列任何措施,应举行听证会：

（一）取消本法第二十四条第二款规定的终身教育教师资格。

（二）取消本法第四十二条第一项规定的授权或注册。

第四十四条 权力授权和委托

（一）按照总统令的规定,教育部长官可根据本法将其权力的一部分委托给教育主管机关。

（二）教育部长官可按照总统令的规定,全部或部分委托国家终身教育机构承担下列职责：

1. 根据本法第二十四条的规定培训经认证的终身教育教师,并为认证终身教育教师颁发和重新颁发证书；
2. 指定注册终身教育教师培训机构。
3. 教育主管机关可按照总统令的规定,将本法规定的部分权力下放给在其控制下的地区教育办事处负责人。

第四十五条

禁止使用同名

除本法规定的促进委员会,国家终身教育机构,终身教育委员会,终身学习大厅,终身学习中心,国家扫盲教育中心和市、道扫盲教育中心外,不得使用类似于此类组织的名称。

处罚规定

凡未遵照本法第三十一条第二项规定建立或经营终身教育机构并承认其教育程度

者,应处以以下处罚:

(一)违反《私立学校法》第二十八条的处罚,比照适用本法第三十一条第八项规定。

(二)违反《私立学校法》第二十九条第六项的处罚,比照适用本法第三十一条第八项规定。

第四十六条　行政罚款

(一)下列任何人应处以不超过500万韩元的行政罚款:

1.违反本法第十八条第二项规定,未提供数据或提供虚假数据者,违反本法第二十八条第四项的规定而未采取必要措施,如退还学费者;

2.忽略根据本法第三十二条第五项、第三十三条第二项和第三项、第三十五条第二项、第三十六条第三项、第三十七条第三项和第三十八条第三项的规定提交报告者;

3.终身教育机构或其创始人违反根据本法第四十二条的规定发布的任何命令;

4.违反本法第四十五条的规定,使用类似名称者。

(二)本条第一项规定的行政罚款,由主管机关按照总统令的规定征收。

(三)任何人如对本条第二项所指的行政罚款的处置不满意,可在就该项处置向其送达通知的日期起计的30天内,向主管当局提出异议。

(四)根据本条第二项被处以行政罚款的人,如根据本条第三项提出异议,主管当局应立即将该事实通知主管法院,主管法院收到通知后,应按照《非诉讼案件程序法》审判该案件。

(五)被处以行政罚款的人,在本条第三项规定的期间内不提出异议,不缴纳行政罚款的,应当按照征收欠缴的国家和地方税收的方式征收。

附则(第8852号法令,2008年2月29日)

第一条　执行日期

本法自公布之日起施行。(附文省略)

第二条至第七条　省　略

附则(第9641号法令,2009年5月8日)

本法自公布之日起三个月后施行。

附则(第10915号法令,2011年7月25日)

本法自公布之日起施行。

附则(第11690号法令,2013年3月23日)

第一条　执行日期

(一)本法自公布之日起施行。

(二)省略。

第二条至第七条 省 略

附则（第 11700 号法令，2013 年 5 月 22 日）

第一条 执行日期

本法自公布之日起六个月后施行。

第二条 终身教育教师证书的委托颁发和再颁发的适用性

本法第四十四条第二项经修正的规定中有关颁发和重新颁发终身教育教师证书的事项，应当自 2014 年 1 月 1 日后首次颁发和再次颁发。

附则（第 12130 号法令，2013 年 12 月 30 日）

第一条 执行日期

本法自公布之日起六个月后施行。

第二条 根据国家终身教育研究机构更名与其他法规的关系

如果终身教育学院被其他法规（包括本法生效前颁布的法规，但其执行日期尚未确定）引用，则应视为引用国家终身教育研究机构。

附则（第 12339 号法令，2014 年 1 月 28 日）

本法自颁发之日起施行，但修正后的第四十五条应当在其公布一年后施行。

附则（第 13228 号法令，2015 年 3 月 27 日）

第一条 执行日期

本法自公布之日起一年后施行。

第二条 会计的适用性

本法第三十一条第八项的修正规定应从本法生效后终身教育机构的第一个财政年度开始适用。

附则（第 13248 号法令，2015 年 3 月 27 日）

第一条 执行日期

本法自公布之日起一年后施行。

第二条至第七条 省 略

附则（第 13945 号法令，2016 年 2 月 3 日）

第一条 执行日期

本法自公布之日起六个月后施行。

第二条 行政罚款的适用性

本法施行后，根据第四十六条第一项至第二项规定有理由退还学费者，适用本法第二十八条第四项的规定。

附则(第14160号法令,2016年5月29日)

第一条　执行日期

本法自公布之日起一年后施行,但经修正的第二十四条和第四十三条的规定应在颁布之日起三个月后施行。

第二条　关于无行为能力者的过渡措施

经修正的本法第二十八条第二项第一目规定所称被成人监护或者有限监护的人,包括根据《公民法》第二条规定宣告不称职的人,仍然有效。

第三条　关于残疾人终身教育设施的过渡措施

根据《残疾人特殊教育法》第三十四条第二项向教育主管登记的残疾人终身教育设施等,自本法生效之日起,应视为已根据本法第二十条相关规定向教育主管登记。

第四条　省　略

私立学校法

（本法自2016年12月27日起施行 2016年12月27日第14468号法令，部分修正）

第一章 总 则

第一条 目 的

本法旨在根据私立学校的特点，通过确保私立学校的独立性并提高其公众特征，以保证该类学校健康发展。

第二条 定 义

本法所用的术语定义如下：

（一）私立学校指由公共组织以外的学校法人、法人或其他个人根据《幼儿教育法》第二条第二项、《初等和中等教育法》第四条、《高等教育法》第四条规定创办的学校。

（二）学校法人指根据本法规定组建的、仅可创办并运营私立学校的法人。

（三）私立学校管理者指根据《幼儿教育法》《初等和中等教育法》《高等教育法》及本法创办并运营私立学校的公共组织以外的法人（不包括学校法人）或个人。

（四）聘任情况指新聘、升职、调动、兼任、借调、降级、暂时休假、罢职、停职、复职、解聘及免职事务。

第三条 只可由学校法人建立的私立学校及其他机构

（一）除学校法人外，其他人既不可建立也不可运营以下所涉及的私立学校；由产业组织根据《初等和中等教育法》第五十二条第二项规定，以教育其青少年员工为目的的中学或高中不受此限：

1. 小学、中学、高中、特殊教育学校、学院及大学；

2. 删除；

3. 工业院校、网络院校、专科院校及技术院校；

4. 等同于高等院校、工业院校、专科院校及技术院校的其他各类学校。

（二）删除。

第四条　主管机关

（一）以下人员受具有该地管辖权的特别市、特别自治市（道）、道及广域市（以下称市、道）的管理和控制：

1. 私立小学、私立中学、私立高中、私立高等技术学校、私立公民学校、私立公民高等教育学校、私立残疾人学校、私立幼儿园及等同于上述学校的其他各类学校；

2. 创办并运营本条第一项所述私立学校的学校法人或该类私立学校管理人员。

（二）删除。

（三）教育部长官监督和管控所有下列实体：

1. 私立高等院校、私立工业院校、私立大专院校、私立网络院校、私立技术院校及等同于上述院校的其他各类私立学校（以下称院校教育机构）；

2. 创立并运营本条第一项所述的私立高等院校的学校法人；

3. 创立并运营本条第一项所述的私立高等院校及其他私立学校的学校法人。

第二章　学校法人

第一节　一般规定

第五条　财　产

（一）学校法人应具备创办私立学校所需的必要设施、设备及管理学校所需的必要财产。

（二）本条第一项所述的私立学校所需设施、设备及持有财产标准由总统令规定。

第六条　企　业

（一）学校法人可经营企业，以企业所得利润管理私立学校（以下称营利性企业），其运营企业不得妨碍该私立学校开展教育工作。

（二）删除。

（三）学校法人根据第一项规定经营营利性企业时，应立即公布下列事项：

1. 企业名称及办公地点；
2. 业务类型；
3. 企业管理资本；
4. 企业代表姓名及联系地址；
5. 企业业务开展日期及期限；
6. 其他必要事项。

（四）本条第一项所述的营利性企业的账户，应当与该学校法人创立并运营的私立学校的账户分开。

第七条　地　址

学校法人的地址视为其主要办公地点。

第八条

创办注册

(一)学校法人取得创办许可后,应当自取得许可之日起三周内登记下列事项:

1.目标;

2.学校名称;

3.办公室;

4.创办许可日期;

5.如存在期限或闭校原因确定,则登记存在期限及闭校原因;

6.资产总值;

7.若投资方式确定,则登记投资方式;

8.董事姓名及联系地址;

9.删除。

(二)除已登记事项外,本款第一项所述登记的事项不得针对第三方设置。

(三)法院应立即公布登记事项。

财产转移报告

凡根据本条第一款的规定进行登记的学校法人,应及时向主管机关报告财产出资情况,并提交财产出资登记事项证明、有关金融机构出具的证明及总统令中规定的文件。

第九条 学校法人的法律行为能力及其他

《民法》第三十四条、第三十五条的规定应比照适用于学校法人的法律行为能力和违法行为能力。

第二节 创 立

第十条

创办许可

(一)凡拟担任学校法人的个人,需按总统令中的规定,缴纳一定的设立保证金,制定包括下列事项的章程,并取得教育部长官许可。此种情况下,设立创立并运营技术院校的学校法人时,有关企业应按总统令中的规定提前缴纳一定的保证金:

1.目标;

2.法人姓名;

3.拟创立并运营的私立学校的类型及名称;

4.办公地点;

5.资产和会计相关事项;

6.行政人员的固定人数及其任免事项;

7.董事会相关事务;

8.若学校法人负责经营营利性企业,则登记企业类型及其他事项;

9.公司条款的修改事项;

10.闭校事项;

11.公告相关事项及其方式;

12.本法规定的需要在章程中制定的其他事项。

(二)学校法人的行政人员于学校成立时在章程中决定。

(三)决定本款第一项第六目事务时,创立并运营技术院校的学校法人应根据总统令规定,提名相关企业的一名员工担任行政人员。

(四)确定本款第一项第十目事务时,接收剩余资产的人员应从学校法人或其他教育企业的管理人员中选出。

出资人在条款中的相关规定

(一)除本条第一款第一项所列事项外,学校法人还可在条款中记载下列事项,以保护已出资人的出资意愿,尊重其出资贡献:

1.出资人姓名及出生日期;

2.出资财产的详细情况、评估标准及金额;

3.出资人的财产出资意向。

(二)除本款第一项所述的出资人外,学校法人设立后,凡出资或捐赠金额超过总统令中的规定数额者,可将第一项所述各项内容按其意愿列入条款中。

第十一条 章程补充条款

(一)拟担任学校法人的个人,若在确定本法第十条第一项所述的目标和资产事项后死亡,则教育部长官可在收到其任一利害关系人的申请后确定其他事项。

(二)在本条第一项所述的情况下,若不存在利害关系人或利害关系人未提出申请,教育部长官可以根据职权决定第一项所规定的事项。

《教育公务员法》第十一条第二款的规定比照适用于在各级学校教师公开招聘考试中涉嫌作弊的人员。

《教育公务员法》第十一条第三款的规定应比照适用于除高等教育院校校长以外教师的聘任事务。

第十二条 设立时间

学校法人应在其主要办公地点办理创立登记。

第十三条 《民法》比照适用规定

《民法》第四十七条、第四十八条、第五十条至第五十四条、第五十五条第一项内容应比照适用于学校法人设立事务。

第三节 组织机构

第十四条 行政人员

（一）凡学校法人应有 7 名及以上董事、2 名及以上审计人员作为行政人员；仅创立并运营唯一一所幼儿园的学校法人可有 5 名及以上董事、1 名及以上审计人员作为行政人员。

（二）根据章程规定由一名董事担任董事长。

（三）凡学校法人应从本条第四项所述的开放式董事推荐委员会（以下称推荐委员会）推荐的人选中，选出并任命开放式董事，其人数应占第一项所述的董事固定人数的四分之一。

（四）推荐委员会应在本法第二十六条第二款或《初等和中等教育法》第三十一条所述的学校运作委员会中设立，其组织、运作及组成应在章程中规定。该委员会的固定成员人数应为单数，不得少于 5 人，其中半数成员应由大学审议委员会或学校运作委员会推荐。根据总统令的规定，仅为培养宗教领袖而创立并运营的大学和研究生院的学校法人，其推荐委员会成员中半数应为相关宗教团体推荐的成员。

（五）若推荐委员会根据本条第三项规定推荐开放式董事，应在 30 日内完成推荐。逾期未推荐的董事人选，由主管机关推荐。

（六）本条第三项至第五项所述的开放式董事的具体事宜、选拔及任用方式、评选资格及标准在章程中由总统令规定。

第十五条 董事会组成

（一）由学校法人建立董事会。

（二）董事会由董事组成。

（三）董事长召开并主持董事会。

（四）审计人员可出席董事会会议并发表意见。

第十六条 董事会职能

（一）董事会应审议并决定下列事项：

1. 学校法人的预算、决算、贷款、收购、资产处置及管理事项；

2. 章程的修改事项；

3. 学校法人的合并、解散事项；

4. 官员的任免事项；

5. 学校法人创立的私立学校的校长、教师的聘任事项；

6. 学校法人创立的私立学校的重要管理事项；

7. 营利性企业的相关事项；

8. 法律法规及章程规定的、属董事会管辖范围的其他事项。

(二)若董事长或董事的利益与相关学校法人的利益冲突,则董事长或董事不得参与决定相关事项。

第十七条　董事会会议

(一)董事长认为必要时即可召开董事会会议。

(二)若出现下列情况,董事长应在 20 天内召开董事会会议:

1. 半数以上的董事要求召开会议,并说明会议目的时;
2. 审计人员根据本法第十九条第四项第四目的规定要求召开会议时。

(三)需召开董事会会议时,应至少提前 7 天通知每位董事,明确说明会议目的;本规定不适用于全体董事要求召开董事会会议且全部出席的情况。

(四)需召开董事会会议时,若有召开会议权的个人缺席或未履行此义务,拖延会议 7 天及以上的情况下,若半数以上董事同意,则可召开会议;若有召开会议权的个人未履行此义务,则经主管机关批准后即可召开会议。

第十八条
提起诉讼的法定人数及通过决议的法定人数等

(一)若章程中未另有规定,半数以上董事出席方可召开董事会,并由固定董事根据章程规定进行表决,赞成票超过半数后通过。

(二)董事会可召开视频会议,以便位于其他地区并配有视频传输设备的董事参加。此种情况下,该董事视为出席董事会议。

编制及公布会议记录等

(一)董事会应编制会议记录,记载下列所述事项;若受会议当天条件限制无法制作记录,则可编制会议纪要,记载各议程审议结果及解决方案:

1. 董事会会议召开日期及召开时间、暂停及散会时间;
2. 议程;
3. 审议情况;
4. 出席董事会会议的行政人员和职员的姓名;
5. 投票人数;
6. 董事长认为必要的其他事项。

(二)出席董事会会议的所有行政人员应在会议记录或会议纪要上签名,签名应清晰、易于识别。若会议记录或会议纪要内容不少于 2 页,应在空白处签名;董事会应在参会的行政人员中选出 3 名董事作为代表,在会议记录或会议纪要空白处签名或在各页盖章。

(三)按本款第一项规定,会议纪要编制完成后,会议记录应在最短时间完成;急需会议记录时,会议纪要可代替会议记录提交给主管机关。

(四)所有会议记录应予以公示;如果是总统令中规定的事务,经董事会决议后可不予公布。

(五)总统令中规定会议记录的公布期限、公布程序及其他必要事宜。

第十九条　官员责任

(一)董事长应代表学校法人履行本法及相关章程规定的职责,并监督管控学校法人的内部事务。

(二)若董事长因故缺席或无法履行职责,则应由一名董事根据章程代为行使其职责;若章程未规定,则应从董事中选出一名董事代为行使。

(三)董事应出席董事会会议,审议和决定学校法人的相关事务并管理董事会或完成董事长指派的事务。

(四)审计人员应履行下列职责:

1. 审核学校法人的财产状况及账目;
2. 审核董事会运作和职责的相关事务;
3. 若在对学校法人财产状况或董事会运作和职责进行审核后发现违法现象或纰漏,应向董事会和主管机关报告;
4. 需提交本条第四项第三目所述报告时,应要求召开董事会会议;
5. 对董事长或董事就学校法人财产情况或董事会的运作及职责发表意见。

第二十条

行政人员的任命和任期

(一)行政人员由董事会按章程规定任命。

(二)行政人员经主管机关批准后就职。在此情况下,其个人信息将按教育部规定予以公示。

(三)章程中规定董事长、董事及审计人员任期。董事任期不得超过5年,可连任;审计人员任期不得超过3年,只能连任1次。

撤销行政人员任职批准

(一)若行政人员出现下列行为,主管机关可撤销其任职批准:

1. 违反本法、《初等和中等教育法》或《高等教育法》的规定,或未能执行根据上述法律发布的命令;
2. 在行政人员之间引起争议,出现会计造假或其他严重不公现象,严重阻碍学校正常运行;
3. 侵犯有关学校校长的学校管理职权;
4. 删除;
5. 删除;
6. 拒绝按主管机关要求对学校校长进行纪律处分;
7. 删除。

(二)本款第一项所述的任职批准撤销,只有学校法人在主管机关要求纠正行为后15天内未采取纠正行为的情况下方可生效,且须附有理由说明;若出现明显无法纠正的情况,且会计舞弊、贪污及行受贿情况严重时,则可在未要求纠正的情况下撤销该人员的任职批准,具体标准应按总统令中的规定执行。

(三)删除。

停 职

(一)出现下列情况时,主管机关可在 60 日内停止相关人员的职务,必要时可在该段时间内延长期限:

1.在本款第一项所述的任职批准撤销的审查或审计过程中;

2.根据本款第二项规定,若相关人员在纠正期间继续履行职责,可能会对学校法人或学校运营造成严重损害;

(二)本款第一项所述的停职理由消失后,主管机关应立即撤销停职的决定。

第二十一条　聘任行政人员的限制

(一)至少固定董事成员为韩国国籍;若出资人向根据总统令的规定创立并运营高等院校的学校法人捐赠的财产相当于学校法人基本财产的一半或一半以上,且为非韩国国籍公民,则非韩国国籍固定董事数量可少于三分之二。

(二)根据《民法》第七百七十七条规定,组织董事会时,有亲属关系的董事不得超过固定董事人数的四分之一。

(三)固定董事成员中,具有 3 年以上教育工作经历的董事应至少占三分之一。

(四)审计人员之间或与董事之间不得存在《民法》第七百七十七条规定的亲属关系。

(五)推荐委员会应该推荐一名担任学校法人的审计人员。

(六)若学校法人超过总统令规定的标准,则审计人员中应有具备注册会计师资格的人员。

(七)若要批准下列人士担任行政人员,须取得不少于三分之二董事的同意:

1.根据本法第二十条第二款的规定,距停职之日已满 5 年的人士;

2.根据本法第六十一条规定,距被开除之日已满 5 年的人士;

3.根据本法第五十四条第二款的规定,距免除校长职务之日起已满 3 年的人士。

第二十二条　行政资格不符合的情况

凡出现下列情况的人士,不得成为学校法人的行政人员:

(一)《国家公务员法》第三十三条所涉及的人士;

(二)根据本法第二十条第二款的规定,距停职之日未满 5 年的人士;

(三)根据本法第五十四条第二款的规定,提出离职申请后,距离职之日未满 3 年的人士;

(四)根据本法第六十一条规定,距被开除之日未满 5 年的人士;

(五)曾负责四级及以上教育行政部门或四级及以上教育部门的工作,且距退休之日未满 2 年的退休人士。

第二十三条 禁止兼任情况

（一）董事长不得同时兼任相关学校法人创立并运营的私立学校校长；仅创立并运营幼儿园的学校法人的董事长可同时兼任幼儿园园长。

（二）董事不得同时兼任相关学校法人创立并运营的私立学校的审计人员、教师或其他职工；但此项规定不适用于校长。

（三）审计人员不得同时兼任相关学校法人的董事长、董事或职工（包括其创立并运营的私立学校的教师或其他职工）。

（四）删除。

第二十四条

空缺补充

若董事或审计人员职位出现空缺，则应在2个月内将人员补充到位。

私立学校纠纷调解委员会的设立及职能

（一）私立学校纠纷调解委员会（以下称调解委员会）由教育部设立，负责审议本法第二十五条所述的临时董事的选择及任命、临时董事的解聘及临时董事选择及任命学校法人重要事务。

（二）调解委员会审议下列事项：

1.选择、任命临时董事的相关事项；

2.罢免临时董事的相关事项；

3.学校对于法人已经选择并任命的临时董事的正常工作进展情况的相关事项；

4.主管机关提请调解委员会审议的其他事项。

（三）调解委员会应立即将本款第二项所述事项的审计结果通知主管机关。

（四）主管机关应尊重本款第三项做出的审议结果；如对审议结果存在异议，应要求调解委员会重新审议该事项并接受二审结果。

调解委员会的组成等

（一）调解委员会成员由下列人士组成，总统推荐委员会成员，最高法院首席法官推荐委员会主席：

1.总统推荐3人；

2.国民议会发言人推荐3人；

3.最高法院首席法官推荐5人。

（二）委员会成员任期2年，只可连任1次。

（三）总统令中规定所有调解委员会的组织、运作及其他必要事项。

调解委员会成员的资格要求

（一）调解委员会成员须为下列人士：

1.具有15年及以上法官、检察官、军事司法人员、律师工作经验的人士；

2.具有 15 年及以上教学经验,曾任大学校长、中小学校长或主任的人士;
3.具有 15 年及以上教学经验且有大学副教授以上职称的人士;
4.具有 15 年及以上会计工作经验的人士;
5.具有 15 年及以上公职人员经验且曾在教育行政部门担任高级公务员职务的人士;

(二)本法第二十二条规定所涉及的人士不得为委员会成员。

第二十五条
临时董事任命

(一)在下列情况下,主管机关应在收到利害关系人的申请或在调解委员会根据职权审议后,选择并任命临时董事:
1.因学校法人未能补充董事空缺,而被认为正常运作困难时;
2.根据本法第二十二条第二项规定,撤销学校法人行政人员任职批准时。超过本法第十八条第一项所述的董事会法定人数的董事,撤销其行政职务的情况除外;
3.根据本条第二款规定,解聘临时董事时。

(二)临时董事应尽快消除造成第一项所述情况的原因。

(三)至本款第一项所述的情况消失前,临时董事可继续任职,但任期不得超过 3 年,任期自该董事当选上任之日起计算。

(四)临时董事不得任职本法第二十条所述的行政职务。

(五)主管机关可以要求学校法人召开董事会会议,选拔并任命临时董事。

(六)任命临时董事的学校法人中,对于经济困难的学校法人,其董事会的最低运营费用及办公人员的最低劳动成本可由国家或地方政府给予支持。

解聘临时董事

如出现下列情况,主管机关可在调解委员会审议后,解聘部分或全部临时董事:

(一)临时董事属《国家公务员法》第三十三条涉及的人士;

(二)临时董事严重失职;

(三)临时董事出现本法第二十条第二款第一项所述的行为。

选择任命临时董事的学校法人正常化工作

(一)根据本条第一款规定选拔并任命的临时董事,若其任命理由无效,则虽有本法第二十条的规定,主管机关仍可在调解委员会审议后,及时解雇该董事,选拔并任命其他董事。

(二)选拔并任命临时董事的学校法人应每年不少于一次地向调解委员会报告正常化工作进展。

(三)调解委员会应评估本款第二项所述的工作进展报告,并将临时董事解雇事宜及正常化工作达标情况通知主管机关。

(四)删除。

第二十六条

行政人员的报酬规定

（一）除章程规定的全职行政人员外，不得向学校法人的其他行政人员支付报酬，但应支付其实际花销。

（二）学校法人可向曾出资或捐赠财产金额相当于学校法人基本财产金额三分之一的人员及在学校法人规定的盈利范围内从事活动的生活贫困人士支付生活费、医疗费、丧葬费等费用。本款第一项所述的报酬获得者不在此范围。

（三）总统令中规定本款第二项所述的出资人或捐赠人、生活贫困者标准及生活费、医疗费和丧葬费的金额。

大学审议委员会

（一）各大学教育机构设立大学审议委员会，负责审议下列事项。其中本款第三目、第四目的事务需经协商：

1. 大学发展规划的相关事项；
2. 校规的制定及修改事项；
3. 大学章程的制定或修改事项；
4. 大学教育课程的运作事项；
5. 推荐委员会成员的相关事项；
6. 章程规定的其他重要教育事项。

（二）根据总统令的规定，在章程中规定大学审议委员会的组织、运行及其他必要事项。

第二十七条　《民法》的比照适用规定

《民法》第五十九条第二款、第六十一条、第六十二条、第六十四条及第六十五条规定比照适用于学校法人的董事长及董事；《民法》第六十二条所述的"其他人"即指"其他董事"。

第四节　财产与会计

第二十八条　财产的管理与保护

（一）学校法人若要出售、捐赠或交易其基本财产，将基本财产挪作他用，提供担保或承担义务或放弃财产权利，须取得主管机关许可；总统令中规定的其他小问题应向主管机关报告。

（二）总统令中规定的由学校法人持有且直接用于学校教育工作的财产，不得出售或用作担保。

（三）不得妨碍《初等和中等教育法》第十条、《高等教育法》第十一条所述的收取学费或其他应缴款项（指入学费用或学校运作补助费用，下文同样适用）的权利及要求分开核算存款的权利。

第二十九条　单独账户核算

（一）学校法人应将其创立并运营的学校账户与法人企业的账户分开。

（二）本条第一项所述的学校账户可分为学校支出账户及附属医院开销账户（须有附属医院），学校支出账户分为学费及非学费开销账户，每个账户的收支事宜应按总统令的规定执行。学校接受的赠款、学费或其他费用应纳入学校支出账户，并开设单独账户管理。

（三）本条第一项所述的法人企业账户可分为一般业务账户和盈利性业务账户。

（四）本条第二项所述的学校账户的预算由相关学校校长编制，并按照下列程序予以确认和执行。

1.高等教育院校：经根据《高等教育法》第十一条第一款规定设立的入学费用审议委员会及董事会审议并通过后，由相关学校校长执行；

2.《初等和中等教育法》第二条规定的学校：与学校运营委员会协商，经董事会审议并通过后，由相关学校校长执行；

（五）幼儿园：与根据《幼儿教育法》第十九条第三款设立的幼儿园运营委员会协商后，由相关学校校长执行；若未设立幼儿园运营委员会，则由相关学校校长直接执行。

（六）删除。

（七）本条第二项所述的学校支出账户的收入及财产既不得挪作他用，也不得贷款给其他账户，以下情况除外：

1.用于偿还贷款本金及利息；

2.用于教育的基本财产无偿归还给国家、地方政府或为公共服务、教育或科研目的所设的科研院所，只在符合总统令规定的标准时才可使用。

（八）删除。

第三十条　财政年度

学校法人的财政年度应与其创立并运营的私立学校的学年保持一致。

第三十一条
提交预算和账户结算

（一）按总统令中的规定，学校法人应在每个财政年度开始前向主管机关报告其预算并予以公示；在每个财政年度结束后，向主管机关报告结算情况并予以公示。

（二）若主管机关认为本条第一款所述的预算报告违反会计相关法律及附属法规，可指导其修正预算。

（三）学校账户的结算程序如下，但不适用于幼儿园：

1.高等教育院校：与大学审议委员会协商后，由招生费用审议委员会审议决定；

2.《初等和中等教育法》第二条规定的学校：与学校运营委员会协商。

（四）学校法人按本款第一项规定提交账户结算报告时，须附有由相关学校法人的所有审计人员签名盖章的审计报告。在此情况下,创立并管理高等教育院校的学校法人应提交执业会计师协会或独立于该法人的会计公司出具的注册会计师证及其补充文件。

(五)总统令中规定本款第一项所述的必要公示事宜。

外部审计监督

(一)必要时,由教育部长官监督本条第一款第四项所述的审计证书及其补充文件,总统令中规定具体监督内容。

(二)《股份公司外部审计法》适用于本款第一项所述的对审计监督人员的要求。

第三十二条
财产清单的编制和保管等事务

(一)在每个财政年度结束后,学校法人应在2个月内编制财产清单、资产负债表、收支账目表和其他必要的账簿及文件,并在办公室存放保管。

(二)《教育部条例》中规定本款第一项所述的需保存的账簿类型和形式。

积累资金

(一)各高等教育院校校长及创立并运营高等教育院校各学校法人的董事长可为新建、扩建、改建及修缮教育设施,为向学生发放奖学金,为支持学校人员开展科研积累资金。学费账户中为新建、扩建、改建、修缮教育设施积累的资金以当年建筑物的折旧费用累计金额为限。

(二)积累的资金应根据其特点分为本金保全准备金和自愿累积金,包括科研准备金、建设准备金、奖学金准备金、退休津贴准备金及其他专项准备金。

(三)积累的资金以基金形式进行管理保存且只能用于积累目的。若积累资金的金额等同于扣除从学费账户转入非学费账户后的准备金金额,则法人可通过下列方式进行投资:

1.收购《金融投资服务及资本市场法》第四条第二款所述的各项证券,金额不超过准备金金额的1/2;

2.根据《特别创业促进法》的规定,投资本院校职工或学生利用新技术、专利等创立的风险企业,金额不超过准备金金额的1/10。

(四)教育部长官可根据高等教育院校、创立并运营高等教育院校的学校法人的财务状况及其他情况,对高等教育院校和学校法人是否可积累资金、积累资金的期限及金额采取必要措施。

(五)《教育部条例》中规定本款第一项所述的折旧费用的计算方法等具体事宜。

结转余额

(一)高等教育院校校长及创立并运营高等教育院校的学校法人的董事长在编制、执行财政年度学校支出预算时,应尽可能减少结转余额。

(二)对于结转余额超过其财务规模的高等教育院校,教育部长官可采取必要措施,如要求纠正措施,以减少结转余额。

第三十三条 会计规则等

教育部长官规定学校法人的会计规则及预算结算等其他必要事宜。

第五节 解散及合并

第三十四条 解散事由

(一)如出现下列情况,应解散学校法人:

1. 出现章程中规定解散的情况;
2. 无法实现目标;
3. 与其他学校法人合并;
4. 破产;
5. 根据本法第四十七条的规定,应教育部要求解散。

(二)本条第一项第二目所述的解散事由须征得 2/3 以上固定董事会成员同意,经教育部长官批准后方可成立。

第三十五条
剩余财产的返还

(一)除合并、破产情况外,在向教育部提交清算完成报告时,应将解散的学校法人的剩余财产返还给章程中规定的人士。

(二)本款第一项未处置的财产中,创立并运营高等教育院校的学校法人的财产收归国库;创立并运营本法第四条第一项第一目所述学校的学校法人的财产收归地方政府。

(三)国家或地方政府应允许将本款第二项所述的收归国库或地方政府的财产,以特许、无偿贷款或补贴的形式给予其他学校法人,以支持私立学校的教育工作或将其用于其他教育项目。

(四)根据本款第二项所收归国库的财产应由教育部长官管理;收归地方政府的财产由该市、道教育监长官管理。若市、道教育监长官或教育机构负责人拟根据本款第三项规定处置此部分财产,则应事先分别取得战略财政部长官或教育部长官的同意。

解散学校法人及剩余财产返还的特殊情况

(一)创立并运营高中或以下层次的各类学校的学校法人,若因学生人数锐减而难以实现目标,虽未出现本法第三十四条第一项的情况,但经教育部长官授权后仍可解散。

(二)任何拟取得教育部长官授权的学校法人须向教育部长官提交解散申请及剩余财产处置方案。

（三）本款第一项所述的解散及第二项所述的剩余财产处置方案须取得 2/3 以上董事会固定成员的同意。

（四）出现下列情况，国家或地方政府可给予支持，以使第一项所述状况顺利进行：

1. 可支付解散鼓励补助金，金额上限为学校法人申请解散许可时保留的基本财产评估值的 30％；

2. 直接购买学校法人申请解散许可时保留的基本财产，用于学校的教育工作。

（五）教育部长官应设立私立学校调整审查委员会，负责审查按本款第一项规定的学校法人的解散方案、第二项规定出具的剩余财产处置方案及根据第四项规定提供的资助事宜。

（六）总统令规定私立学校调整审查委员会的组织、运作事务。

（七）根据本款第一项至第五项规定解散的学校法人，虽有本法第十条第四项规定，仍可将部分或全部剩余财产归还给剩余财产处置方案中规定的任何人或将其作为《公益企业创立运营法》第二条所述的公共服务企业的创立资产。

第三十六条　合并程序一

（一）学校法人取得 2/3 以上董事会固定成员同意后方可与其他学校法人合并。

（二）本条第一项所述的合并须取得教育部长官的许可。

（三）如学校法人拟取得本条第一项所述的许可，应提交授权申请，并附学校法人的章程或合并过程中新编制的章程文件及总统令中规定的其他文件。

第三十七条　合并程序二

（一）学校法人取得本法第三十六条第二项所述的许可后，应在 15 日内编制财产清单及资产负债表，时间自收到许可之日起计算。

（二）学校法人应在本条第一项所述的期限内发出公告，对合并存在异议的债权人应在规定期限内提出异议，并将公示内容强制通知给学校法人已知的每个债权人，规定期限时间不少于 2 个月。

第三十八条　合并程序三

（一）未能在本法第三十七条第二项所述的期限内提出合并异议的债权人，视为同意并入的学校法人或合并后设立的学校法人的义务。

（二）若债权人在本法第三十七条第二项所述的期限内提出异议，学校法人应处理异议内容或做出适当担保。

第三十九条　合并程序四

若合并后设立学校法人，则章程及设立学校法人的相关事宜由相关学校法人选拔并任命的人员共同处理。

第四十条　合并结果

并入的学校法人或合并过程中设立的学校法人应承担被合并学校学校法人的权利

和义务(包括教育部授权该法人行使的管理企业的权利、义务及可采取的其他处置措施)。

第四十一条 合并时间

并入的学校法人合并后合并生效,合并后设立的学校法人在其主要办公所在地登记后合并生效。

第四十二条 《民法》的比照适用规定

(一)《民法》第七十九条、第八十一条至第九十五条规定比照适用于学校法人的解散和清算事务;《民法》第七十九条中的"董事"即为"董事长"。

(二)本法第十八条,《民法》第五十九条第二项、第六十一条、第六十二条、第六十四条及第六十五条规定比照适用于学校法人的债务清算人。

第六节 资助与监督

第四十三条 资 助

(一)为促进私立学校教育发展,国家或地方政府认为必要时,可按总统令中的规定或地方政府的市政条例规定,为申请资助的学校法人或私立学校提供津贴或其他形式的资助。

(二)对根据本条第一项的规定获得资助的学校法人或私立学校,主管机关享有下列权力:

1.若需要提供支持,主管机关可以向学校法人或私立学校提交有关事务或财务状况的相关报告;

2.若认为学校法人或私立学校的预算不符合资助要求,主管机关可建议相关学校法人或私立学校修改预算。

3.若国家或地方政府根据本条第一项的规定资助了学校法人或私立学校,但资助效果不明显或受资助的学校法人或私立学校未能根据本条第二项第二目的规定按照主管机关的要求修改预算,则国家或地方政府此后可暂停资助。

第四十四条 优先资助职业教育

若国家或地方政府拟根据本法相关规定资助学校法人,则应优先资助创立并运营职业学校的学校法人。

第四十五条 章程条款的修改

(一)学校法人取得2/3以上固定董事会成员同意并通过决议后,方可修改学校法人章程。

(二)学校法人根据本条第一项的规定修改章程时,应在14日内报告给教育部长官,并提交教育部规定的文件。

(三)教育部长官在收到本条第二项所述的报告后,若认为修改内容违反法律及附属法规,可要求相关学校法人在 30 天内做出修正或修改。

(四)学校法人在收到本条第三项所述的修正或修改要求时,应立即采取措施并将真实情况报告给教育部长官。

第四十六条　责令营利性企业停业

若学校法人运营的营利性企业出现下列情况,则主管机关可责令该学校法人停止运营该企业:

(一)学校法人将营利性企业所得利润用于该法人创立并运营的私立学校管理以外的事务。

(二)继续运营此类企业将阻碍该学校法人创立并运营的私立学校的教育工作。

第四十七条

责令解散

(一)若教育部长官认为学校法人出现下列情况,则可责令该学校法人解散:

1.学校法人违反创立许可的任何条款和条件;

2.学校法人无法实现其目标。

(二)只有在无法达到监督要求的情况下或学校法人未能遵守主管机关下达的纠正指令(时间为从指令下达日期起 6 个月)后,教育部长官才可下达本款第一项所述的学校法人解散的命令。

听证会

若教育部长官拟根据本条第一款的规定解散学校法人,则应举行听证会。

第四十八条　收集报告等事宜

如监督工作需要,主管机关可要求学校法人或私立学校提交报告,也可查阅其账簿、文件,还可下令采取其他必要措施。

第三章　私立学校管理者

第四十九条　删　除

第五十条　组织变更为学校法人

(一)属《民法》覆盖范围内的私立学校管理者可将其所在组织变更为学校法人。

(二)删除。

第五十一条　比照适用规定

本法第五条、第二十八条第二项、第二十九条、第三十一条至第三十三条、第四十三条、第四十四条及第四十八条规定比照适用于私立学校管理者,但本法第三十一条至第三十三条规定只比照适用于该管理者创立并运营的私立学校方面的事务。

第四章　私立学校教师

第一节　任职资格、任职规定及职责

第五十二条　任职资格
国立学校、公立学校教师任职资格的相关规定比照适用于私立学校教师的任职资格。

第五十三条
任命学校校长

（一）由创立并运营学校的学校法人或私立学校管理者任命学校的校长。

（二）若学校法人拟根据本款第一项规定，在高等教育院校校长任期内解雇该校长，则须取得 2/3 以上董事会固定成员的同意后，方可通过解雇决议。

（三）章程中规定各级学校校长及私立学校管理者（法人）的任期。若私立学校管理者为个人，其任期应根据法律规定确定。上述职务任期不得超过 4 年，可以连任，中小学校长只能连任 1 届。

除学校校长外，教师的任职规定

（一）相关学校法人或私立学校管理者聘任学校教师，相关规定具体如下：

1.学校法人或私立学校管理者（法人）创立并运营的私立学校的教师，由董事会综合该校校长的建议进行聘任；

2.若创立并运营私立学校的私立学校管理者为个人，则学校教师由该校校长推荐后进行聘任。

（二）高等教育院校聘任教师的权利，可根据相关学校法人的章程，按规定下放给学校校长。

（三）可按相关学校法人章程的规定，以合同条款及附加条件（如任期、薪资、工作条件、绩效协议）的方式聘任高等教育院校教师。在此情况下，国立学校或公立学校教师任期的相关规定比照适用于此类教师的任期。

（四）按本款第三项规定聘任的教师任期届满时，具有教师聘任权者应通知（指书面通知，同样适用于下文）该教师其任期即将届满，并告知该教师可在任期届满前 4 个月申请继续任职。

（五）教师收到本款第四项所述的通知后，若有意愿继续任职，应在收到该通知起 15 天内，向具有教师聘任权者提出再任职申请。

（六）负责审议再任职申请者在教师人事委员会审议后，决定是否再次聘任该教师，并在该教师任期届满前 2 个月通知其结果。若决定不再聘任该教师，应在书面通知中说明拒聘意见及理由。

（七）教师人事委员会应根据校规，客观审议教师提交的再任职申请，包括客观审议以下内容。在此情况下，接受评审的教师在审议过程中应有机会出席教师人事委员会会议并在会议筹备期（至少15天）内以书面形式发表意见。

1. 学生教育的相关事宜；
2. 学术研究的相关事宜；
3. 学生指导工作的相关事宜。

（八）若教师对其再任职申请审议结果存在异议，可在获悉审议结果后30天内，按《提高教师地位，保护教育活动特别法》第七条的规定，向教师申诉委员会提出申诉，要求进一步审议。

（九）高中以下层次的各级学校，应公开招聘新教师。在总统令中规定任职资格要求及公开招聘的必要事项。

教师人事委员会

（一）为审议重要人事事宜，包括聘任各级学校（不包括小学、高等技术学校、公民学校、高等公民学校、幼儿园及其他同等层次学校）教师（不包括学校校长），应在相关学校内设教师人事委员会。

（二）若学校法人、私立学校管理者为法人，则教师人事委员会的组织、职能及运作要求应在章程中规定；若私立学校管理者为个人，则按法律规定。

第五十四条
聘任报告及解聘要求等事宜

（一）各级学校里具有教师聘任权者若要聘任教师（不包括学校校长任期届满已卸任的情况），应在聘任该教师之日起7天内向主管机关提交相关报告。

（二）删除。

（三）根据本法，若私立学校教师出现需被解雇或需遭处分的事由，则主管机关可要求具有教师聘任权者开除或处分此类教师。

解聘要求

（一）若各级学校校长出现下列情况，主管机关可要求具有教师聘任权者解聘该校长。具有教师聘任权者应遵守解聘要求的内容，从轻情况除外。

1. 出现本法第五十八条第一款所述的情况；
2. 违反相关教育法规定或未根据相关法律下达指令，或与学生入学（包括转学）、授课、研讨会或学生毕业等有关的命令；
3. 违反本法或未根据本法或其他教育相关的法律及附属法规规定下达的指令工作；
4. 处理学校账户的相关事务时出现不公或严重不公行为。

（二）本款第一项所述的解聘要求，只可在学校法人或相关私立学校管理者未能按主管机关的要求纠正其被解聘事由时提出，且应在纠正要求提出至少15天后提出。

聘任限制

(一)下列人士不得被聘任为学校校长:

1. 根据本法第二十条第二款的规定,距任职批准被撤销之日未满5年者;

2. 根据本条第二款的规定,距根据解聘要求遭解雇之日未满3年者;

3. 根据本法第六十一条的规定,距被开除之日未满5年者;

4.《教育公务员法》第十条第四款规定所涉及的人士。

(二)本款第一项和第三项所涉及的人士,若拟担任学校校长,则须取得2/3以上董事会固定成员同意。

(三)不得任命任何学校法人的董事长及与其有关的下列人士为该学校法人创立并运营的私立学校的校长,取得2/3以上董事会固定成员同意且取得主管机关批准的人士不受此限:

1. 配偶;

2. 直系亲属、直系后代及其配偶。

(四)学校校长及学校法人若因换届或亲属关系变更等原因出现本款第三项的情况,则学校校长及学校法人须在上述情况发生之日起3个月内取得2/3以上董事会固定成员的同意及主管机关的批准。

(五)不得聘任本款第三项所述的人士为教师。

(六)凡本法所述的国立或公立学校教师(包括《教育公务员法》第三十二条所述的定期聘任教师)、《幼儿教育法》第二十三条所述的讲师、《初等和中等教育法》第二十二条所述的产业教育教师在任职期间未曾因下列活动遭解聘或遭开除、未曾被判处服劳役和监禁或未曾被判处重刑(包括已宣布处分但已执行完毕的人士),则可被任命为高中及以下各级层次学校的教师。教师纪律委员会根据影响情况,认为其可履行职责的教师不在此限:

1. 删除;

2. 收取金钱及贵重物品;

3. 轻率处理与学生成绩相关的工作,例如漏考、操纵成绩等;

4. 对学生采取暴力行为。

(七)教师纪律委员会决议会议的出席成员至少占成员总数的2/3,且须取得半数以上成员同意后方可做出决议。

定期聘任教师

(一)出现下列情况时,具有教师聘任权者可从持有教师资格证的教师中聘任固定期限工作的教师(以下称定期聘任教师)。在此情况下,具有教师聘任权者可按学校法人章程的规定,将权力下放给学校校长。

1. 教师因本法第五十九条第一项所述的理由临时休假,不得不选择替代者时;

2. 教师因借调、培训、停职、转岗或休假等原因,超过1个月无法履行其职责,不得不选择其替代者时；

3.教师因调离、开除或解聘后向教师申诉委员会(见《提高教师地位,保护教育活动特别法》第九条第一款)提起行政申诉,不得不选择其替代者时；

4.需聘任教师临时教授特别课程时。

(二)本法第五十六条、第五十八条第二款、第五十九条、第六十一条至第六十四条、第六十五条、第六十六条规定不适用于定期聘任的教师在任期届满后退休的情况。

(三)定期聘任的教师任期不得超过1年,必要时最多可延长至3年。

(四)本条第三款第五项及第六项规定比照适用于定期聘任教师的相关事务。

自愿离职限制

(一)出现下列情况时,具有教师聘任权者不得允许申请自愿离职的教师主动离职；若教师属本项第一目、第三目或第四目所述的情况,其不当行为仅可按《国家公务员法》第七十九条规定,受撤职、开除、降级或停职同等程度处分(以下称严厉处分)：

1.教师因不当行为遭到刑事起诉时；

2.教师纪律委员会已通过对该教师采取严厉纪律处分的决议时；

3.教师正在接受审计监察局、检察机关、警方或其他调查机构对其不当行为进行检查或调查时；

4.教师正在接受主管机关、审计等部门对其不当行为进行审计或调查时。

(二)教师申请自愿离职时,具有教师聘任权者应从审计、监督或调查机关负责人处确认该教师是否受本款第一项所述的限制。

(三)总统令规定自愿离职的其他必要限制及教师是否受自愿离职的限制。

第五十五条 职 责

(一)国立学校、公立学校教师职责的相关规定比照适用于私立学校教师。

(二)虽然《国家公务员法》第六十四条规定比照适用于本条第一项的情况,但院校中属医药学、中医学、牙科医学专业的教师在获得所在学院院长批准后,可在符合总统令规定标准的情况下在医院担任额外职务,为学生提供必要的临床教育。

(三)总统令规定教师担任额外职务的批准标准及办理程序、职责及薪资等必要事宜。

第二节 教师地位和社会保障

第五十六条 临时休假限制及强制解聘

(一)私立学校教师不接受强制辞退、强制解聘等违背本人意愿的不利待遇,但因刑罚、纪律处分或其他根据本法规定原因造成的情况除外；已遭解聘或因改变、撤销学校班级及科目造成教师冗余情况不受此限制。

(二)私立学校教师不接受任何辞职建议。

第五十七条　退休原因

本法所涉及的私立学校教师应依法自然退休。《国家公务员法》第三十三条第五款规定只适用于因犯有《刑法》第一百二十九条至第一百三十二条规定或第三百五十五条至第三百五十六条规定的罪行,被判无劳动缓刑或重刑而遭停职的人员。《国家公务员法》第三十三条所述的"公务员"即为"教师"。

第五十八条

解聘理由

(一)出现下列情况时,具有教师聘任权者可解聘私立学校教师:

1. 教师在临时休假期满或停职理由不复存在后,未能重返岗位工作或未能履行其职责时;
2. 教师工作表现极差时;
3. 教师加入反政府组织或帮助此类组织时;
4. 教师因参加政治运动而拒绝参加集体讲座或研讨会或引导并鼓动学生支持或反对某个政党时;
5. 教师非法记录或给学生非法评分或在学生报告中做虚假证明或虚假陈述时。

(二)若以本款第一项第二至第五目的理由解聘教师,须征得教师纪律委员会的同意。

解聘规定

(一)当私立学校教师出现下列情况时,具有教师聘任权者不得为其指派职务:

1. 缺乏履行职责的能力或工作绩效极差或极不忠于教师岗位;
2. 遭受纪律处分;
3. 遭刑事起诉(不包括接受简单传唤);
4. 因犯有总统令规定中的涉及金钱或物品、性犯罪等不正当行为,正接受审计监督局、检察机关、警方或其他调查机构的检查或调查,且已无法正常履行其职责。

(二)若根据本款第一项规定不予指派职务的理由不复存在,则具有教师聘任权者应立即为教师指派职务。

(三)具有教师聘任权者须向解聘人员下达等候令,时间不超过3个月。

(四)对于收到等候令的个人,具有教师聘任权者应采取例如能力恢复培训或态度改善培训或指派特别科研任务等必要措施。

(五)其行为构成本款第一项所述理由的私立学校教师,可根据本款第二至第四项对其做出强制解聘处分。

第五十九条　临时休假理由

(一)若私立学校教师因下列理由提出临时休假,则具有教师聘任权者可让其临时休假;若出现本项第一至第四目及第十一目的情况,则具有教师聘任权者可强制其临时休假;若出现本项第七目的情况,则具有教师聘任权者可根据其意愿让其临时休假:

1. 身体或精神残疾,需要长期休养康复(包括不育或生育能力低下,需要接受长期治疗);

2. 按《兵役法》的要求,须应征入伍;

3. 因自然灾害、战争、灾难或其他原因,生死不明或下落不明;

4. 因履行其他法律规定的职责,而无法履行其教师职责的人员;

5. 为取得学位在国外留学或须在国外参加至少1年以上的科研或培训工作;

6. 在国际组织、外国机构、国内外大学、科研院所、国家机关、海外国家教育机构(指《海外韩籍居民教育支持法》第二条第二款所述的海外国家教育机构)或章程规定的民间组织中临时任职;

7. 抚养不满8周岁或小学2年级以下儿童,或女教师因怀孕或生育需要临时休假;收养19岁以下儿童或少年;

8. 由教育部指派,须在国内研究所或教育机构接受培训;

9. 临时休假照顾因意外、疾病等原因需长期休养康复的父母、配偶、子女或配偶父母;

10. 配偶需在外国工作或属本条第五项所述情况;

11. 根据《关于教师工会的建立运营》第五条规定,在教师工会从事全职工作;

12. 按《私立学校教师、职工退休金法》第三十一条规定计算,任职超过10年,需要开展学习、科研等活动,拟进一步自我发展;

13. 存在章程规定的其他原因。

(二)本条第一项规定的临时休假期限及临时休假人员的地位及待遇情况在章程中规定(若为私立学校管理者,则由管理者决定确保教师地位及纪律处分的相关规定,下文同样适用)。

(三)具有教师聘任权者不得以本条第一项第七目所述的理由,差别对待临时休假教师的人事事务,第一项第七目所述的临时休假期限计入其任职期限。

第六十条

教师的豁免权

未经校长同意,不得在该私立学校内逮捕教师,情节恶劣者除外。

社会保障

(一)若私立学校教师及职工患病、受伤、患有不治之症、退休、自然死亡或遇难,应按法律规定的条件给予职工或职工家庭适当补助。

(二)法律应规定本款第一项所述的以下内容:

1. 长期任职职工退休或死亡后,支付职工或其家庭退休金或一次性补助金的相关事宜;

2. 工作过程中因疾病或受伤等原因退休或死亡的职工,支付该职工或其家庭抚恤金或赔偿金的相关事宜;

3. 工作过程中因受伤或疾病等原因造成休养期间收入能力下降的职工,支付该职工损失赔偿金的相关事宜;

4. 对工作时间外死亡、患有不治之症、受伤、患病、分娩及遭遇其他事故的职工,发放津贴的相关事宜。

荣誉退休

(一)已连续工作 20 年及以上的私立学校教师,若在到达退休年龄前自愿退休,可获得预算范围内提供的荣誉退休金。

(二)章程中规定本款第一项所述获得荣誉退休金的职工范围、金额、支付手续及其他必要事项。

第三节 纪律处分

第六十一条 纪律处分的事由及类型

(一)若私立学校教师出现下列情况,则具有教师聘任权者应要求对其做出纪律处分,并根据处分结果采取处分措施:

1. 违反本法及其他教育相关的法律法规,从事的活动违背教师职责时;

2. 违背教师职责或玩忽职守时;

3. 从事的活动有损教师尊严时(无论是在岗还是离岗时)。

(二)纪律处分分为撤职、开除、停职、降薪或训诫。

(三)停职处分期至少为 1 个月,遭受停职处分者在此期间可保留其职务,但不得履行职责,降薪 2/3。

(四)降薪指降薪 1/3,降薪期至少为 1 个月。

(五)训诫指对职工的不当行为进行训斥,促使其悔悟。

第六十二条 教师纪律委员会的设立、组织等事宜

(一)根据本法第五十四条第三款第六项的规定,为审议并决定私立学校教师的纪律处分及聘任事务,应根据有教师聘任权的人员类型,在每个学校法人、私立学校管理者及相关学校内设立教师纪律委员会;私立幼儿园教师的纪律处分应由教师纪律委员会审议决定。

(二)本条第一项所述的教师纪律委员会由 5~9 名成员组成。

(三)教师纪律委员会成员由相关学校法人、私立学校管理者或相关学校校长(仅限于本法第五十三条第二款第二项所述的将教师聘任权下放给学校校长的情况)从以下人士中选出:

1. 相关学校教师或学校法人董事。

2. 符合以下要求者:

a. 有 5 年以上法官、检察官或律师工作经验者;

b. 担任法律、行政科学或教育学专业助教或以上职务的院校职工;

c.连任公职 20 年以上的退休人士；

d.在教育或教育管理方面被公认为具有丰富专业知识及资深经验的其他人士。

(四)教师纪律委员会应按下列标准设立：

1.教师纪律委员会中至少有 1 名符合本条第三项第二目要求的成员；

2.外部委员会成员不得属于由相关学校法人或私立学校管理者创立、运营的私立学校；

3.若学校法人设立教师纪律委员会,则委员会中学校法人的董事成员不得超过委员会成员总数的 1/2。

(五)总统令中规定教师纪律委员会的组织、权限及审议程序等必要事项。

外部委员会成员任期等事宜

(一)外部委员会成员任期为 3 年,只可连任 1 次。

(二)若外部委员会成员出现下列情况,则学校法人、私立学校管理者或相关学校校长(仅限于本法第五十三条第二款第二项所述的将教师聘任权下放给学校校长的情况)可以解雇该成员：

1.因精神或身体残疾,无法履行职责时；

2.工作过程中出现不当行为时；

3.因玩忽职守、尊严受损或其他原因,被视为不适合担任委员会成员时；

4.主动表示难以履行职责时；

5.违反本法第六十六条第五款所述的保密义务时。

第六十三条 排除原因

若教师纪律委员会成员审查自己的处分事务或该成员与被处分人有血缘关系,则不得参加有关该纪律处分的审判。

第六十四条

纪律处分决定的申请

因本法第六十一条第一项所述的事由应遭受纪律处分的私立学校教师,具有教师聘任权者应先彻查,而后向教师纪律委员会申请做出纪律处分决定。

纪律处分事由的通知

申请做出纪律处分决定时,申请人应同时向被处分人发送一份解释说明,内载对其进行纪律处分的事由。

第六十五条 真相查明及意见陈述

(一)教师纪律委员会审理纪律处分事件时,应调查事件的实际情况并在做出处分决定前听取相关人员的辩述；此规定不适用于已接受 2 次及以上书面传唤后仍未做出陈述的情况。

(二)教师纪律委员会认为必要时,可要求相关人员或专家参与审议过程,并听取其意见。

第六十六条
纪律处分的决定

(一)教师纪律委员会审议决定纪律处分后,应编制一份书面纪律处分决定,内载正式的处分决定及处分理由,并将该书面决定交予具有教师聘任权者,由其通知受处分教师。

(二)本款第一项所述的纪律处分决定,应在2/3以上委员会成员出席且半数以上成员赞成后方可通过。

(三)若具有教师聘任权者未收到复审申请,则应在收到书面处分决定后15天内,根据其具体内容采取处分措施。在此情况下,具有教师聘任权者应转交受处分教师1份书面决议,内载处分的事由。

纪律处分的复审申请

(一)具有教师聘任权者在收到因本法第五十四条第三款所述的情况而做出的书面纪律处分决定后,应在采取处分措施前将具体处分内容通知主管机关。

(二)若主管机关认为,处分措施相较于处分事由过轻,则可要求具有教师聘任权者在采取处分措施前向教师纪律委员会要求复审。

(三)具有教师聘任权者在收到主管机关复审要求后,应立即要求教师纪律委员会进行复审。若教师纪律委员会进行复审,具有教师聘任权者应将复审结果通知主管机关。

与审计监督局调查事务的关系等

(一)对私立学校教师的调查开始或结束时,审计监督局、检察机关、警方或其他调查机构应在10天内通知具有教师聘任权者。

(二)审计监督局正在调查的案件,自通知调查开始之日起,不得申请任何纪律处分,也不得采取任何处分措施。

(三)检察机关、警方或其他调查机构正在调查的案件,自通知调查开始之日起,不得申请任何纪律处分,也不得采取其他处分措施。

纪律处分的事由

(一)具有私立学校教师聘任权者可在纪律处分事由出现之日起3年内,申请纪律处分决定。若出现下列纪律处分事由,可在该事由出现之日起5年内申请纪律处分决定:

1.涉案教师接受金钱、物品或其他类型的招待;

2.涉案教师贪污或挪用公款;

3.涉案教师参与《教育公务员法》第五十二条所述的活动。

(二)本条第一项所述时限过后或剩余期限不足 1 个月时,若未采取纪律处分措施,则视为调查完成通知之日起 1 个月后结束。

(三)教师申诉委员会因教师纪律委员会成员构成存在缺陷,决定废除或撤销纪律处分决定时,即便本条第一款规定的时限已过或剩余期限不足 3 个月,处分决定、处分措施或严重纪律处分仍可在其做出后 3 个月内重新决定。

保密义务

进入教师纪律委员会的人员,履行职责时不得泄露任何已获悉的机密信息。

第六十七条　国际学校的特殊情况

本法第五十二条至第六十六条规定不适用于根据《初等和中等教育法》第六十条第二款规定创立的国际学校。

第六十七条第二款至第六十九条　删　除

第五章　补充规定

第七十条

报告及调查等事宜

主管机关可调查私立学校的教育情况,要求私立学校提交统计及其他必要事项的报告,也可要求下属公职人员检查其账簿及其他文件或学校教育工作的执行情况。

办公机构及人员

(一)学校法人或私立学校管理者应设立办公机构,负责履行职责并处理其创立并运营的私立学校的事务。若学校法人或私立学校管理者为法人,此类机构的设立和运作、办公人员的固定人数、任命要求、薪资、服务及地位保障等事宜在章程中规定;若学校法人或私立学校管理者为个人,则上述事宜依法决定。

(二)各级学校的办公人员由学校法人或私立学校管理者根据学校校长的建议聘任。

办公人员的正常退休规定

虽有第二款第一项规定,本法第五十七条规定仍比照适用于按第二款规定聘任的办公人员的退休事宜。在此情况下,"教师"即为"办公人员"。

第七十一条　权力下放

教育部长官可按总统令规定,将本法规定的部分权力下放给各市、道教育监长官。

第七十二条　刑法中关于公职人员的规定

调解委员会中的非公职成员视为公职人员,适用于《刑法》第一百二十九条至第一百三十二条的规定。

第六章　刑罚规定和行政罚款

第七十三条　刑罚规定

（一）若学校法人的董事长或私立学校管理者（若为法人，则是法人代表或董事）出现下列情况，则处以2年以下有期徒刑或2 000万韩元以下罚款：

1. 违反主管机关按本法第四十六条规定下达的指令，继续运营业务；
2. 违反本法第二十八条规定（包括本法第五十一条规定比照适用情况）；
3. 删除；
4. 违反主管机关按本法第四十八条规定下达的指令（包括本法第五十一条规定比照适用情况）。

（二）若学校法人的董事长或私立学校管理者（若为法人，则是法人代表或董事）或高等教育院校校长违反本法第二十九条的规定（包括本法第五十一条规定比照适用情况），则处以2年以下有期徒刑或2 000万韩元以下罚款。

第七十四条　行政罚款

（一）学校法人的董事长、审计人员或债务清算人或私立学校管理者（若为法人，则是法人代表或董事）出现下列情况，则处以500万韩元以下罚款：

1. 未按本法规定进行有效登记；
2. 未按本法第六条第三项规定公示或作虚假或内容遗漏的公示；
3. 未能保管本法第十三条规定比照适用的《民法》第五十五条第一项规定的财产清单或第三十二条规定的财产清单及其他文件（包括本法第五十一条、第三十七条第一项规定比照适用情况）或作虚假或内容遗漏的说明；
4. 未能提交本法第十九条第四项第三目或第四十八条（包括本法第五十一条规定比照适用情况）所述的报告，或提交虚假或内容遗漏的报告；
5. 违反本法第三十一条（包括本法第五十一条规定的比照适用情况）、第三十七条第二项或第三十八条第二项的规定；
6. 未按本法第四十二条规定比照适用的《民法》第七十九条或第九十三条第一项的规定申请破产；
7. 未按本法第四十二条规定比照适用的《民法》第八十八条第一项或第九十三条第一项的规定进行公示或作虚假或内容遗漏的公示；
8. 未按本法第四十二条规定比照适用的《民法》第八十六条或第九十四条规定提交报告或提交虚假报告；
9. 违反本法第四十二条规定比照适用的《民法》第九十条规定。

（二）若具有教师聘任权者未能提交本法第五十四条第一款所述的报告或提交虚假报告，则处以500万韩元以下罚款。

（三）本款第一项和第二项所述的罚款由主管机关按总统令规定强制征收。

本款第四至第六项删除。

本条第二款删除。

附则(第1362号法令,1963年6月26日)

第一条　执行日期

本法自颁布之日起1个月后施行。

第二条　过渡措施

(一)本法生效后,按《民法》规定设立且正运营的私立学校的财团法人,应在自本法生效之日起6个月内将组织形式变更为学校法人。若财团法人因不可抗原因无法在6个月内变更组织形式,则教育部长官可将时间延长至1966年12月31日;虽有本法第三条规定,但若认为财团法人因特殊情况无法变更组织形式,教育部长官仍可允许该法人运营私立学校。在此情况下,本法中学校法人的相关规定较其他法律法规,优先比照适用于财团法人及其成立并运营的私立学校事务。

(二)本法第五十条的规定比照适用于按本条第一项的规定,财团法人将组织形式变更为学校法人的情况。

(三)在本条第二项所述的情况下,若章程中规定修改章程须由财团法人及董事会决议,但该财团法人董事会成员半数以上或全部为临时董事,则除董事会意见外,无须由财团法人决议即可修改章程中的相关内容,变更为学校法人。

(四)若财团法人已按本条第一项的规定变更为学校法人,则教育部长官在本法生效前对其采取的处置措施视为对其变更后学校法人的处置措施,此类处置措施不得与本法冲突。

(五)若财团法人已变更为学校法人,则变更前财团法人的职责在任期内仍为其变更后学校法人的职责;若剩余任期超过5年,则视为该任期自本法生效5年后届满。

(六)若财团法人已变更为学校法人,则变更后的学校法人承担原财团法人运营学校时产生的全部义务。

第三条　视为教师的情况

本法生效时已在私立学校任职的教师,视为根据本法规定聘任的教师。

第四条　删　除

附则(第1621号法令,1963年12月16日)

本法自颁布之日起施行。

附则(第1664号法令,1964年11月10日)

第一条　执行日期

本法自颁布之日起施行。

第二条　过渡措施

本法第五十条第一款第二项规定自 1963 年 7 月 25 日起施行。

附则（第 1735 号法令，1965 年 12 月 30 日）

本法自颁布之日起施行。

附则（第 1869 号法令，1967 年 12 月 16 日）

本法自 1968 年 1 月 1 日起施行。

附则（第 2396 号法令，1972 年 12 月 28 日）

本法自颁布之日起施行。

附则（第 2587 号法令，1973 年 3 月 10 日）

本法自颁布之日起施行。

附则（第 2649 号法令，1973 年 12 月 20 日）

本法自 1974 年 1 月 1 日起施行。

附则（第 2775 号法令，1975 年 7 月 23 日）

第一条　执行日期

本法自颁布之日起施行。

第二条　过渡措施

本法生效时已在高等教育院校（大学或学院）任职的教师，可在 1976 年 3 月 1 日前按第五十三条的规定重新聘任。

附则（第 2945 号法令，1976 年 12 月 31 日）

第一条　执行日期

本法自 1977 年 1 月 1 日起施行。（附文省略）

第二条至第八条　省　略

附则（第 2961 号法令，1976 年 12 月 31 日）

第一条　执行日期

本法自颁布之日起施行。

第二条　章程提交等事宜

本法自颁布之日起施行，学校法人或私立学校管理者应按第七十条第二款的规定确定章程或条例内容，并在 6 个月内提交至政府监督机关。

附则(第3057号法令,1977年12月31日)

第一条 执行日期

本法自颁布之日起施行;专科院校的相关规定自1979年1月1日起施行。

第二条 过渡措施

(一)本法生效时受纪律处分的人员,停职处分改为降薪6个月,纪律处分改为训诫。

(二)本法生效时已依法建立的职业专科院校、高等技术院校及技术院校视为专科院校或其他同等层次院校时须在总统令规定时限内取得教育部长官的批准。

(三)本法生效时已在职业专科院校或其他同等层次院校任职的教师视为该类学校重组后聘任的教师,其任期应按之前的规定计算。

(四)本法生效时已在高等技术院校或其他专科院校任职的教师,可在1979年3月1日前按第五十三条第二款的规定重新聘任。

附则(第3114号法令,1978年12月5日)

本法自颁布之日起施行。

附则(第3373号法令,1981年2月28日)

第一条 执行时间

本法自颁布之日起施行。

第二条 有关教师的过渡措施

本法生效时已在高等教育机构任职的教师(不包括学校校长)和办公人员视为由学校校长聘任。

第三条 教师纪律处分的过渡措施

本法生效时,教师纪律委员会及复审委员会的未决纪律处分沿用之前的规定。

第四条 学校校长任命限制的过渡措施

虽有第五十四条第三款第二项的规定,本法生效时已担任专科院校学校校长的人员可任职至卸任之日。

第五条 学校校长任命限制的过渡措施

虽有第五十四条第三款第一项第三目的规定,本法生效时已担任私立学校校长的人员可任职至1981年学年结束。

第六条 刑罚规定的过渡措施

本法生效前发生的刑罚沿用之前的规定。

附则(第3458号法令,1981年11月23日)

第一条 执行日期

本法自颁布之日起40天后施行。

第二条至第十条 省 略

附则(第3812号法令,1986年5月9日)

第一条 执行日期

本法自颁布之日起施行。

第二条 过渡措施

本法生效时已上任的董事,任期届满前视为按本法规定聘任的董事。

附则(第4226号法令,1990年4月7日)

第一条 执行日期

本法自颁布之日起施行。

第二条 教育监督者的过渡措施

各地方政府选出教育监长官前,本法第四条第一项、第三十五条及第七十一条中的教育监长官意为教育局局长及各区教育厅厅长;本法第四条第二项中的首尔特别市、市及道教育监长官意为首尔特别市、市及道教育委;本法第三十五条、第七十一条中的市、道教育监长官意为市、道教育委;本法第三十五条中的教育监长官意为教育委或局长。

第三条 高等教育院校人事聘任的过渡措施

本法生效时已在高等教育院校任职的教师、办公人员视为由该院校法人按本法聘任的人员。

第四条 教师违纪事宜的过渡措施

虽有第六十二条的规定,本法生效时未决的任何违纪情况应依本条之规定办理。

第五条 申请复审的过渡措施

本法生效时已提交给复审委员会的复审申请或在复审委员会根据本法设立后提出的复审申请,沿用之前的规定。

第六条 省 略

附则(第4268号法令,1990年12月27日)

第一条 执行日期

本法自颁布之日起施行。(附文省略)

第二条至第十条 省 略

附则(第 4347 号法令,1991 年 3 月 8 日)

第一条 执行日期

本法自《地方自治法》(修订版)(第 4310 号法令)生效后第一次地方议会议员选举之日起施行。

第二条至第十二条 省 略

附则(第 4376 号法令,1991 年 5 月 31 日)

第一条 执行日期

本法自颁布之日起施行。

第二条 过渡条款

本法生效时,教师按《教育公务员法》或《私立学校法》规定已提出的未决申诉或申请,沿用之前的规定。

第三条 省 略

附则(第 5069 号法令,1995 年 12 月 29 日)

第一条 执行日期

本法自 1996 年 3 月 1 日起施行。

第二条至第四条 省 略

附则(第 5274 号法令,1997 年 1 月 13 日)

第一条 执行日期

本法自颁布之日起 3 个月后施行。

第二条 董事的过渡条款

虽有本法第二十一条的规定,本法生效时已上任的董事,任期届满前视为按本法规定就任的董事。

第三条 过失罚款的过渡措施

对本法生效前的违法行为处以的过失罚款,沿用之前的规定。

附则(第 5345 号法令,1997 年 8 月 22 日)

第一条 执行日期

本法自 1998 年 1 月 1 日起施行。

第二条 申请期限

修订后的本法第三十五条第二款的规定适用于 2007 年 1 月 1 日前申请解散学校法人的人员。

附则（第 5438 号法令，1997 年 12 月 13 日）

第一条　执行日期

本法自 1998 年 3 月 1 日起施行。

第二条至第十四条　省　略

附则（第 5453 号法令，1997 年 12 月 13 日）

第一条　执行日期

本法自 1998 年 1 月 1 日起施行。

第二条　省　略

附则（第 5454 号法令，1997 年 12 月 13 日）

本法自 1998 年 1 月 1 日起施行。（附文省略）

附则（第 5683 号法令，1999 年 1 月 21 日）

本法自颁布之日起 3 个月后施行。

附则（第 5982 号法令，1999 年 5 月 24 日）

第一条　执行日期

本法自颁布之日起施行。（附文省略）

第二条至第六条　省　略

附则（第 6004 号法令，1999 年 8 月 31 日）

第一条　执行日期

本法自颁布之日起施行；修订后的第二十一条第二项、第四项及第五十三条第四款规定自 2000 年 3 月 1 日起施行，修订后的第五十三条第二款第三项规定自 2002 年 1 月 1 日起施行。

第二条　合同聘任的过渡措施

虽有修订后的第五十一条的规定，但按之前的规定，在固定期限内被聘任的教师，在任期届满前仍按之前的规定工作。

第三条　临时董事的过渡措施

本法生效时已上任的临时董事任职至 1999 年 12 月 31 日。

附则（第 6212 号法令，2000 年 1 月 28 日）

本法自颁布之日起生效，因修订后的第五十九条第一项所述的育儿原因自愿临时退休的相关规定自 2001 年 1 月 1 日起施行。

附则(第 6332 号法令,2000 年 12 月 30 日)

本法自颁布之日起施行。

附则(第 6400 号法令,2001 年 1 月 29 日)

第一条　执行日期

本法自颁布之日起施行。(附文省略)

第二条至第四条　省　略

附则(第 6715 号法令,2002 年 8 月 26 日)

本法自颁布之日起施行。

附则(第 7118 号法令,2004 年 1 月 29 日)

本法自颁布之日起施行。

附则(第 7120 号法令,2004 年 1 月 29 日)

第一条　执行日期

本法自颁布之日起 1 年后施行。

第二条至第九条　省　略

附则(第 7352 号法令,2005 年 1 月 27 日)

第一条　执行日期

本法自颁布之日起施行。

第二条　续聘高等教育院校合同聘任教师的过渡措施

本法生效时已根据之前的规定签订合同任职的高等教育院校固定聘任的教师,其续聘事项按修订后的第五十三条第二款第四项至第八项的规定处理。

附则(第 7354 号法令,2005 年 1 月 27 日)

第一条　执行日期

本法自颁布之日起施行。

第二条至第四条　省　略

附则(第 7802 号法令,2005 年 12 月 29 日)

第一条　执行日期

本法自 2006 年 7 月 1 日起施行;修订后的第五十条的规定自 2007 年 3 月 1 日起施行。

第二条　应用示例

修订后的第五十三条第二款第九项的规定,自本法生效后第一次招聘起施行。

第三条　行政人员组成的过渡措施

本法生效时,若学校运营委员会或大学审议委员会按修订后的第十四条、第二十一条第五项规定推荐的董事人数少于规定人数,则应任命新人员。因任期届满出现的任何职务空缺,应优先任命委员会推荐的人选填补。

第四条　官员任期的过渡措施

虽有修订后的第二十条第三款、第二十一条第五项的规定,本法生效时已任职的官员至其任期届满前,仍沿用之前规定。

第五条　官员、教师解聘事由的过渡措施

虽有修订后的第二十二条第二项至第五项、第五十四条第三款第四项的规定,本法生效时已任职的教师或官员,视为按本法规定任职的教师或官员。

第六条　学校校长任命限制的过渡措施

虽有修订后的第五十四条第三款第一项至第三项的规定,本法生效时已任职的学校校长至其任期届满前,仍沿用之前规定。

第七条　省　略

附则(第 8529 号法令,2007 年 7 月 19 日)

本法自 2008 年 1 月 1 日起施行。

附则(第 8545 号法令,2007 年 7 月 27 日)

第一条　执行日期

本法自颁布之日起施行。

第二条　董事会成员构成应用示例

本法生效后,如因任期届满等原因导致行政职务出现空缺,则应按修订后的第十四条第三项的规定,优先任命开放式董事委员会推荐的人选填补空缺。

第三条　开放式董事的过渡措施

本法生效时,已按之前规定中的第十四条第三项的规定选择并任命的开放式董事视为按本法规定选择并任命的开放式董事。

第四条　临时董事的过渡措施

本法生效时,已按之前规定中的第二十五条的规定选择并任命的临时董事视为按本法规定选择并任命的临时董事。

第五条　临时董事任期的过渡措施

2006 年 7 月 1 日后选择并任命的临时董事及本法生效时已上任的临时董事,其任期至 2008 年 6 月 30 日届满。

附则(第8639号法令,2007年10月17日)

第一条 执行日期

本法自颁布之日起6个月后施行。

第二条 过渡措施

(一)若按《民法》规定设立且以《终身教育法》第二十二条第三款规定的以远程学院形式创立并运作的终身制教育机构的财团法人,拟按《高等教育法》规定将该学院转变为网络大学,则应在取得教育部长官、人力资源开发部长官批准后,将其改为本法规定的学校法人组织。

(二)若财团法人已变更为学校法人,教育部长官及人力资源开发部长官在其变更前对其做出的各类处置视为对其变更后学校法人的处理措施,但不得与本法的规定相抵触。

(三)若财团法人已变更为学校法人,变更前的行政人员在任期内仍为变更后学校法人的行政人员。

(四)若财团法人已变更为学校法人,原财团法人运营学校产生的债权与义务全部由变更后的学校法人承担。

(五)若财团法人已变更为学校法人,则在原财团法人以远程学院形式创立并运营的终身教育机构任职的教师和职工,视为变更后的学校法人按本法规定聘任的职工。

附则(第8852号法令,2008年2月29日)

第一条 执行日期

本法自颁布之日起施行。(附文省略)

第二条至第七条 省 略

附则(第8888号法令,2008年3月14日)

第一条 执行日期

本法自颁布之日起施行,修订后的第五十九条第一项第六目规定自2009年1月1日起施行。

第二条 聘任教师的应用示例

修订后的第五十四条第三款第五项、第六款的规定适用于本法生效后第一次因修订后的第五十四条第五款所述的原因遭撤职或解聘处分的人员。

附则(第10258号法令,2010年4月15日)

第一条 执行日期

本法自颁布之日起施行。

第二条至第六条 省 略

附则（第 10580 条，2011 年 4 月 12 日）

第一条　执行日期

本法自颁布之日起 6 个月后施行。

第二条至第五条　省　略

附则（第 10637 号法令，2011 年 5 月 19 日）

第一条　执行日期

本法自颁布之日起施行。

第二条　教师聘任限制等适用规定

修订后的第五十四条第三款第五项、第五十四条第四款第四项的规定在本法生效后首次出现因第五十四条第三款第五项所述的行为遭到解聘或开除或被判无劳役有期徒刑或重罚（包括宣布暂停执行后已过暂停执行期的情况）的情况起施行。

附则（第 10871 号法令，2011 年 7 月 21 日）

本法自颁布之日起施行。

附则（第 10906 号法令，2011 年 7 月 25 日）

本法自颁布之日起施行。

附则（第 11216 号法令，2012 年 1 月 26 日）

第一条　执行日期

本法自颁布之日起施行，修订后的第四十五条、第五十五条规定自颁布之日起 6 个月后施行。

第二条　章程修订的适用规定

修订后的第四十五条规定自修订条文生效后董事会首次通过章程修改决议起施行。

第三条　调查开始通知等适用规定

修订后的第六十六条第二款的规定自韩国审计监督局、检察机关、警方或其他调查机关在本法生效后调查的第一个案件起施行。

附则（第 11622 号法令，2013 年 1 月 23 日）

第一条　执行日期

本法自颁布之日起 6 个月后施行。

第二条　适用规定

修订后的第二十九条第二项、第四项，第三十一条第一款第三项，第三十二条第二款第三项的规定自本法生效后第一个财政年度起施行。

附则(第 11690 号法令,2013 年 3 月 23 日)

第一条 执行日期

(一)本法自颁布之日起施行。

(二)省略。

第二条至第七条 省　略

附则(第 12125 号法令,2013 年 12 月 30 日)

本法自颁布之日起 6 个月后施行。

附则(第 13225 号法令,2015 年 3 月 27 日)

第一条 执行日期

本法自颁布之日起施行。

第二条 纪律处分决议复审申请的适用规定

修订后的第六十六条第二款的规定也适用于本法生效时教师纪律委员会审议的纪律处分案例。

第三条 延长纪律处分时效期的适用规定

修订后的第六十六条第四款第一项的规定也适用于本法生效前已出现应受纪律处分的事由但仍未满前文规定的纪律处分时效期的个人。

第四条 幼儿园会计审核的过渡措施

本法生效时,幼儿园的校长按此前规定编制的账目预算视为已按修订后的第二十九条第四项的规定编制的账目预算。

第五条 省　略

附则(第 13573 号法令,2015 年 12 月 22 日)

第一条 执行日期

本法自颁布之日起施行。

第二条 办公人员正常退休的适用规定

修订后的第七十条第三款的规定自本法生效后第一次出现办公人员提出正常退休事由起施行。

附则(第 13936 号法令,2016 年 2 月 3 日)

第一条 执行日期

本法自颁布之日起 6 个月后施行。

第二条至第四条　省　略

附则（第 13938 号法令，2016 年 2 月 3 日）

第一条　执行日期

本法自颁布之日起施行，修订后的第五十四条第五款、第五十八条第一款第一项第四目、第五目规定自本法颁布之日起 6 个月后施行。

第二条　打击舞弊行为的适用规定

修订后的第五十三条第三款规定自本法生效后进行第一次招聘考试起施行。

第三条　自愿离职限制的适用规定

修订后的第五十四条第五款的规定适用于本法生效后出现第五十四条第五款第一项所述原因的教师。

第四条　解聘人员的适用规定

修订后的第五十八条第二款第一项第四目的规定，自本法生效后审计监督局、检察机关、警方或其他调查机关首次调查人员的行为起施行。

第五条　临时休假理由的适用规定

修订后的第五十九条第一项第七目的规定也适用于本法生效后根据修订条文而收养儿童的私立学校教师。

附则（第 14154 号法令，2016 年 5 月 29 日）

第一条　执行日期

本法自颁布之日起施行，修订后的第六十二条第二款第二项第二目至第四目的规定自颁布之日起 3 个月后施行。

第二条　学校负责人聘任限制的适用规定

本法生效时，若学校校长或学校法人的董事长因换届或亲属关系变更等原因，存在第五十四条第三款第三项所述的关系，虽有第五十四条第三款第四项的规定，仍沿用之前规定。

第三条　未决纪律案件的过渡措施

适用于因按第六十四条规定提出的纪律处分申请而未决的纪律案件。

第四条　省　略

附则（第 14468 号法令，2016 年 12 月 27 日）

第一条　执行日期

本法自颁布之日起施行，修订后的第三条第一项自本法颁布之日起 3 日后施行。

第二条　建立特殊教育学校的过渡措施

修订后的第三条第一项的规定自修订条文生效后第一次按《初等和中等教育法》第四条第二款的规定提出特殊教育学校建立授权申请起施行。依法办理手续以符合《初等和中等教育法》第四条第一款规定标准的过程中，该授权在修订条文生效前视为已适用。

第三条　指定用途的特别准备金等适用规定

(一)修订后的第三十二条第二款第二项的规定自本法生效后第一个财政年度起施行。

(二)本法生效时，已按之前规定管理的其他未知用途基金应在本法生效后的第一个财政年度起，累积或用于科研、学校建设、奖学金、退休金或用作其他指定用途的特别准备金。

第四条　省　略

教育公务员法

(本法自 2011 年 7 月 21 日起施行 2011 年 7 月 21 日第 10868 号法令,部分修正)

第一章 总 则

第一条 目 的

考虑到他们通过教育服务于整个国家的职责与其职责的独特性,本法的目的是针对《国家公务员法》和《地方公务员法》所适用的相关教育公务员在资格、任命、薪酬、教育和培训,以及地位保障等方面的特殊情况提供资助。

第二条 定 义

(一)本法中使用的教育公务员是指属于下列任何一项的任何人:

1. 在教育机构工作的教学人员或助教;
2. 在教育行政机构工作的监督官员或学校督察;
3. 在教育机构、教育行政机构或教育研究机构工作的教育研究员或教研工作人员。

(二)本法中使用的教育机构是指属于下列任何一项的公立学校或机构:

1.《幼儿教育法》第二条第二项规定的幼儿园,以及《初等和中等教育法》第二条和《高等教育法》第二条规定的不同级别的学校;

2. 本法第三十九条第一项规定的培训机构;

3. 根据教育相关法令和附属法规建立的教育培训机构,如学生培训机构;

4. 本法中使用的任命,指新就业、升职、晋升、职位变更、迁移,同时兼任 2 个或 2 个以上职务,派遣,降职,临时退任,取消官方职位,停职,复职,解职,免职或解雇;

5. 本法中使用的职位是指可授予教育公务员的职责和责任;

6. 本法中使用的职位变更是指改变教育公务员的级别和资格的工作;

7. 本法中使用的迁移是指教育公务员在同一职位和资格下改变工作地点或部门;

8. 本法中使用的复职是指为临时离开岗位、取消官职或停职的教育公务员官复原职;

9. 本法中使用的降职是指教育公务员在同类职责范围内被委派到较低职位。

第二章　教育公务员人事委员会

第三条　成立教育公务员人事委员会

（一）为回应教育部关于教育公务员个人事务中重要事项的咨询请求（不包括为公立大学工作的教育公务员，以下同样适用于本法第四条），有必要在教育部内设立教育公务员人事委员会（以下简称人事委员会）。

（二）人事委员会由7位成员组成，其中包括1位主席。

（三）教育部副长官应担任人事委员会主席。其他人事委员会成员需具备7年及以上教学经验或教育管理经验，并且具备大量人事管理方面的知识。人事委员会成员由教育部长官推荐，最后由总统任命。

（四）人事委员会运作的事项应由总统令规定。

第四条　人事委员会的职能

教育部长官应将下列事项提交人事委员会审议：

（一）关于教育公务员人事管理政策和标准的决定以及制订基本计划的事项。

（二）关于教育公务员人事事务的法律的制定、修改和废除以及附属法规的事项。

（三）关于教育公务员人事事务的其他重要事项。

第五条　大学人事委员会

（一）在大学（包括产业学院、师范院校、大专院校和函授学院，但不包括构成大学之部分的学院，以下同样适用）内设立大学人事委员会。大学人事委员会设立的目的是审议并批准大学副校长、研究生院院长或学院院长，教授、副教授、助教或全职讲师的任命，以及涉及大学其他教学人员个人事务的其他重要事项。

（二）由总统令规定关于大学人事委员会的组织、职能和运作的必要事项。超过大学人事委员会全体成员数指定百分比的成员应为女性。

第三章　资　格

第六条　教师资格

教师应具有《初等和中等教育法》第二十一条第二项规定的资格。

第七条　校长、副校长等资格

校长、副校长以及儿童教育机构的校长或督学应具有《初等和中等教育法》第二十一条第一项规定的资格。

第八条　教授等资格

教授、副教授、助教、全职讲师和教学助理应具有《高等教育法》第十六条规定的资格。

第九条　教育专家官员的资格

督学、教育研究员、学校督察和教育研究工作人员应符合附则中的资格要求。

第四章　任　命

第十条
任命原则

(一)教育公务员的任命应根据其任职资格、再培训结果、工作表现以及其他能力的实际证明来进行。

(二)在任命教育公务员时,应根据其能力,给予有资格成为教师并希望获得任命的人士平等的任命机会。

外籍教员

大学可以指定以教学或研究为目的的外籍人士作为其教职员工。

招聘限制

(一)本法中的教学人员(包括本法第三十二条第一款规定的短期教学人员)、《私立学校法》中的私立学校教学人员(包括《私立学校法》中规定的短期教学人员)、辅导员等,《幼儿教育法》第二十三条或《初等和中等教育法》第二十二条规定的教育产业教师,遭解雇或免职或被判处拘役或更严重惩罚的监禁刑(包括缓期执行期限已过)的人员,出于任何理由符合下列任何一项规定,都不得新聘或特聘为低于高中各级学校的教职员工;但是,教育公务员纪律委员会(以下简称纪律委员会)根据本法第五十条第二项通过决议,任何此类人员如果能够履行其作为教职员的职责,考虑到内省的程度,则该条款不适用。

1.《性犯罪受害者处罚特别案件法》第二条规定的性犯罪;

2.有收取金钱和贵重物品的行为;

3.与学生的学业成绩相关的错误行为,如泄露试题、操纵学校成绩等;

4.有对学生的身体进行侵犯的行为。

(二)根据本条第一项的规定,纪律委员会为教育公务员做出的决议需要不少于2/3的现任成员出席并得到在场多数成员的同意。

第十一条
新聘教师等

(一)教师应通过公开筛选程序重新聘任。

(二)应由总统令规定与本条第一款有关的公开筛选程序、年龄限制和履行相关职责的其他资格要求,以及进行公开筛选程序所需的其他事项,如程序、方法和评估要素。

(三)删除。

(四)招聘新教师时,大学应避免从特定大学获得学士学位的候选人占优势,这些受聘者的详细招聘比例应由总统令规定。

（五）如果大学招聘新教师，这些职位的候选人应由大学任命或由委托的一组考官进行客观公正的筛选。

（六）应由总统令规定本款第五项规定的考官的任命或委托方法、筛选的步骤和方法以及其他必要的筛选事项。

公共事业考试的加分

在根据第一款进行的公开筛选的过程中，任命机构可以按照附则中的规定，在初试满分 10/100 范围内给予申请人加分。

合同基础上的聘任等

（一）根据总统令的规定，大学教职员工可按照服务年限、工资、就业条件以及成就和工作表现等指定条款获得聘任。

（二）在本款第一项规定的教师聘任期限届满的情况下，聘任机构应书面通知相关教师其聘任期即将届满，并且书面通知其可在该聘任期届满前不迟于 4 个月申请续聘审核。

（三）根据本款第二项规定，如果收到通知的教师打算续聘，应在收到通知之日起 15 天内向聘任机构提出续聘审核的申请。

（四）收到本款第三项所规定的续聘审核申请的聘任机构，应在大学人事委员会进行续聘审核后，决定是否续聘相关教师，并于其任期届满前 2 个月内通知相关教师。在这种情况下，当聘任机构决定不再续聘相关教师时，应明确表明此类通知，说明不再续聘的意向以及拒绝的理由。

（五）大学人事委员会应按照本款第四项的规定，根据学校条例客观地对相关教师进行续聘审核，例如评估下列事项。在这种情况下，应在审核过程中规定的不少于 15 天的时间内给予相关教师参加大学人事委员会会议并在指定日期发表意见或以书面形式发表意见的机会。

1. 关于学生教育的事项；
2. 关于学术研究的事项；
3. 关于为学生提供指导的事项。

（六）如果无法获得续聘的教师打算对聘任处理提出异议，该教师可以在得知聘任处理结果之日起 30 天内，向《改善教师地位特别法》中第七条提到的上诉委员会申请复议。

基于男女机会平等等聘任计划的制订

（一）国家和地方政府应当制定和实施必要的政策，诸如在对大学教师的聘任上，促进男女机会的平等。

（二）大学校长和学院院长（指《高等教育法》第二条第一至三项和第五项规定的学校，以下同样适用于本款）应每三年制订并实施必要的计划，以实施积极主动的措施，包括指定每个部门的聘任目标比例的聘任计划，以便在聘任学校教师时不会过分依赖性别。在这种情况下，相关年度的实际晋升结果应报告给教育部。

（三）国家和地方政府可以根据本条第二款中所述的计划和实施结果的评估对大学提供行政和财政援助。

（四）应由总统令决定各部门的分类及进行评估的方法和程序等。

第十二条　特别聘任

（一）符合以下任何一项的人可以按照总统令的规定特别受雇。

1. 由于本法第四十四条第一项规定的任何理由，或者由于《国家公务员法》第七十条第一款第三项或《地方公务员法》第六十二条第一款第三项的任何理由，聘任1名因临时退休期限届满而引退的教育公务员，向教育公务员提供相当于其退休后2年内将达到的职位；或聘任1名已退休的教育公务员为国家或地方公务人员，其职位相当于退休时的职位；

2. 聘任1名具有不少于3年研究经历或相当于该职位的工作业绩的人；

3. 在聘任将在特殊地域工作的人员，例如在岛屿或偏远地方填补空缺的竞争性考试很困难，或者需要能够讲授特别科目的人员的情况下；

4. 在聘任具有教育经验、教育行政或研究经验，但不适合通过竞争性考试任命的公职人员的情况下；

5. 在聘任1名为私立学校工作的教师为教育公务员的情况下。

（二）根据《国家公务员法》第七十条第一款第三项或《地方公务员法》第六十二条第一款第三项，遭解职的任何人，按照总统令的规定，可以优先获得特别聘任。

第十三条　晋　升

按照总统令的规定，应根据其职业记录、再培训结果、绩效等级或其他能力的实际证据，从承担相同职责的下属人员中晋升教育公务员。

第十四条　合格候选人晋升名单

有权任命或要求任命教育公务员的人应当按照本法第十三条和总统令规定的排名和资格，准备并保留符合晋升条件的候选人名单。

教育公务员的晋升名单，应在符合晋升条件的候选人名单中按优先顺序排列的空缺职位数量的3倍范围内提供；但不适用于具有总统令规定的特殊资格的人。

第十五条　优秀教育公务员的特别晋升等

（一）尽管有本法第十三条和第十四条的规定，符合下列任何一项并具有优秀资格证书或符合资格要求的教育公务员可以获得特别晋升，但如果教育公务员符合本项第四目或第五目，则可以在没有资格证书或不满足资格要求的情况下获得特别晋升：

1. 具有高尚的人格和聪明才智的教育工作者，以正直和一贯的公德心，勤勉地履行自己的职责，在教育文化改革中为其他教育公务员树立榜样；

2. 具有突出的教学、指导、研究能力，对教育发展做出巨大贡献者；

3. 通过采纳和执行《国家公务员法》第五十三条或《地方公务员法》第七十八条规定

的提案,对预算紧缩等行政业务发展产生突出影响者;

4.根据《国家公务员法》第七十四条第二款或《地方公务员法》第六十六条第二项,在任职期间做出杰出服务的自愿退休者;

5.在职期间做出杰出服务但在执行公务过程中牺牲的人员的亲属。

(二)应由总统令规定根据本条第一项特别晋升的必要条件和其他必要事项。

第十六条　体　检

新任命的每位教育公务员均应按照总统令的规定接受体检,有权任命或要求任命教育公务员者不得任命或推荐不符合体检通过标准的人员。

第十七条　任命职位管理原则

(一)除非本法和附属法规另有规定,否则有权任命或要求任命教育公务员者,应授予其管辖范围内的教育公务员与其资格相称的特定职位。

(二)有权任命或要求任命教育公务员者,要在其管辖范围内,根据公共教育人员的资格、专业、再教育记录、工作经验、资质等委任其适当的职务。

第十八条　临时担任职位

(一)根据总统令的规定,教育公务员、普通服务的公职人员、特殊服务的公职人员或相关教育机构或研究机构的其他官员或雇员或总统令规定的其他相关行政机构或协会的工作人员,当他们的职位和工作规范相似并且履行职责不会产生困难时,可以同时担任2个或2个以上的职务。

(二)当教育公务员被指定根据本法第一项同时担任2个或2个以上职务时,应符合资格标准或具有本法第九条或《初等和中等教育法》第二十一条第一项和第二项以及《高等教育法》第十六条规定的资格。

第十九条

禁止职务兼任

任何在不同级别学校拥有管辖权的监督机构工作者,不得同时担任下列职务:大学校长或副校长、研究生院院长、学院院长、教务主任、学生事务主任(或学术和学生事务主任)、学术事务办公室主任、学生事务办公室主任、中小学校长和副校长或幼儿园园长或主管。

关于禁止牟利和兼职的特例

(一)根据《高等教育法》第十四条第二项,教授、副教授和助理教授在获得其所属学校校长许可后,在不影响教育和指导学生以及学术研究的前提下,可以兼任商业、工业或金融业务或任何其他营利性业务的私营公司的外部董事(指在《金融投资服务和资本市场法》第九条第三项规定下,不介入相关公司正常业务的董事)。

(二)应由总统令规定本款第一项规定的许可的详细标准、方法和程序所必需的事项。

第二十条　人事交流

在专科学院或中学就业的教育公务员可以变更或调动职位。

第二十一条　对职位变更的限制等

除下列任何一项规定外,任何有权任命或要求任命教育公务员者,在其管辖的教育公务员被任命担任有关职位后,都不得在1年内采取变更职务或工作场所等人事措施:

(一)当组织重组、改变或废除,或配额变更时;

(二)当有关的教育公务员晋升或降职时;

(三)总统令规定的任何特殊理由。

第二十二条

教育和培训机构的教职员工安置

教育部长官或教育办公室主任可根据规定雇佣教育培训机构或教育研究机构的教学人员,这对于教育或专业调查或教育研究尤为必要。

教育行政机构中的流动教师安置

(一)在教育办公室主任认为尤其有必要让教师通过巡视两所或以上的邻近学校来管理学生教育,并确保教师安置适当及教育课程有效运作的情况下,可以将教师安排在市、道教育行政机构。

(二)根据本款第一项安置在市、道教育行政机构的教师应负责其所属机构负责人指定的学校的教育,并接受这些学校校长的指导和监督。

第二十三条

人事记录

教育培训机构、教育行政机构或教育研究机构的负责人应按照教育部的规定,编制、保存其管辖范围内的教育公务员的人事档案。

人事管理计算机化

(一)教育部长官可以建立和操作一个系统,通过建立数据库和电子化处理人事事务来管理教育公务员的人事记录,以促进对教育公务员实行科学化人才管理。

(二)应由总统令规定根据第一项建立和操作该系统所需的事项。

第二十四条

大学校长的任命

(一)大学(不包括公立大学,以下同样适用于本法第二十七条)校长由总统根据有关大学和教育部长官的建议任命。新成立大学的校长,或担任相关大学校长的办公室主任,或在其任职期间经历了相关大学校长头衔的变更者,由总统根据教育部长官的建议对前面三种情况做出任命。

(二)根据本款第一项和第六项规定,如果教育部长官打算对大学校长的任命提出建议,应与人事委员会进行协商。

(三)根据本款第一项的规定,为了提出关于任命大学校长的建议,应在大学内设立1个大学校长任命建议委员会(以下简称委员会)。

(四)委员会应按照相关大学的规定,通过以下任何方式选择大学校长候选人:

1.委员会选拔;

2.根据相关大学教职员工同意的方法和程序进行选拔。

(五)根据本法第二十八条第一项的规定,如果担任大学教员期间被任命为大学校长的人任期届满,在其大学校长任期届满后的第2天,将被视为被任命为前任职位,尽管本法第二十五条无此规定。

(六)如果相关大学未能在大学校长任期届满后3个月内推荐大学校长候选人,则尽管有本款第一项的规定,相关大学的校长应在教育部长官的建议下,由总统任命。

(七)应由总统令规定委员会的组成、运作等所需的事项,条件是委员会中女性委员占比超过一定比例。

对选举活动的限制

(一)任何人不得为了使其或某人当选或不当选为大学校长候选人而做出下列任何行为:

1.从大学校长候选人选举日前180天到选举日,向选民提供或承诺提供金钱、贵重物品、娱乐或任何其他财产收益或公共或私人职位的行为;

2.本款第一项规定的行为,是针对有意成为大学校长候选人的人,或不想令其成为候选人或使其失去候选人资格的其他候选人;

3.用于获得本款第一或第二项规定的收益或职位,同意表达此类意图,或要求或安排此类要约的行为。

(二)任何人不得在选举大学校长候选人的特定地点挨家挨户地访问或安排访问选民,或聚集或安排聚集选民。

(三)任何人不得公开散布虚假资料或者通过言论、选举海报等方式断言事实从而诽谤与大学校长选举相关的候选人。

(四)任何人不得在选举大学校长候选人时,采取以下各项规定以外的行为:

1.张贴宣传海报;

2.分发竞选活动公告;

3.分发小型印刷品;

4.举行联合演讲或公开辩论;

5.利用电话和计算机通信获得选民支持。

对大学校长候选人推荐选举事务的委托

(一)根据本法第二十四条第一款第四项第二目规定的相关大学教职员工同意的方法和程序,通过直接选举推荐大学校长候选人。相关大学应按照《选举委员会法》委任自治市、郡、自治区选举委员会,在其管辖权范围内管理这种直接选举。

(二)接受和管理本款第一项规定的自治市、郡、自治区选举委员会推荐大学校长候选人的选举,国家选举委员会计划提出必要的事项。根据《选举委员会法》第三条第五项的国家选举委员会规定,诸如:候选人注册、选举期、竞选活动、选举费、投票和计票,应事先与教育部长官协商。在这种情况下,教育部长官应听取每所大学的意见。

(三)根据《公务员选举法》第二百七十二条第二款第二项的规定,防止选举舞弊,《选举委员会法》第十四条第二款应比照适用于任何违反本法的行为的控制、调查、暂停和警告等,自治市、郡、自治区选举委员会接受并管理推荐大学校长候选人的选举。

(四)管理大学校长候选人选举所产生的费用可以向相关大学征收。

第二十五条　聘任教授等

(一)教授或副教授应由总统通过教育部长官根据有关大学校长的推荐来聘任。而助理教授则由教育部长官经大学校长的推荐聘任。

(二)当大学校长打算根据本条第一项聘任1名教育公务员时,受聘者应获得大学人事委员会的批准;如果新成立的大学还没能成立大学人事委员会,那么该大学校长应获得人事委员会的批准。

(三)根据本条第一项规定,教育公务员调职应由教育部长官根据大学校长的建议执行,但须经大学人事委员会批准。

第二十六条　全职讲师和助教的聘任

(一)全职讲师和助教由相关大学校长聘任。

(二)如果大学校长打算聘任1名全职讲师,受聘者应获得有关大学人事委员会的批准。

第二十七条　校长、研究生院院长和学院院长的委任

根据大学校长的建议,教育部长官在教授中委任副校长,在教授或副教授中委任研究生院院长或学院院长。

如果大学校长有意就教育公务员的委任职位做出建议,应获得相关大学人事委员会的批准。

第二十八条　大学校长的聘任期等

大学校长或副校长、研究生院院长或学院院长的任期如下:根据本法第二十四条第一款和第五十五条第一项的相关内容,尽管有本条第一项的规定,受聘者的任期仍应限于相关大学校长的剩余任期。

(一)校长任期4年;

(二)副校长、研究生院院长或学院院长任期2年。

第二十九条

监督官员的聘任等

(一)为教育部及其附属机构工作的监督官员或教育研究人员应在教育部长官的推

荐下由总统任命。

(二)任何在教育办公室主任管辖范围内符合下列任何一项的监督官员和教育研究人员,应在教育部长官的推荐下由总统任命。

1.在教育行政机构中任职者,该职位与市或道教育监长官同等或者更高;

2.市、道教育培训机构负责人;

3.市、道教育研究机构负责人;

4.负责教学人员培训的市、道教育培训机构负责人。

(三)除本款第一、二项规定的教育专家官员以外的教育监长官管辖的监督官员和教育研究人员,应在相关主管推荐下,由教育部长官任命。

(四)由总统根据本款第一、二项规定聘任的教育专家官员,可由教育部长官调任另外的职位。根据本款第三项规定,由教育部长官聘任的教育专家官员可以被相关教育办公室主管调任另外的职位。

聘任中小学校长

(一)应根据教育部长官的推荐由总统聘任每位校长。

(二)校长任期为4年。

(三)校长只可连任1次,但不包括校长根据本法第三十一条第二、三项任职的次数。

(四)校长在学期中任期届满时,如果其任期届满的日期在3月至8月之间,则到期日为8月31日;如果在9月到翌年2月之间,那么任期届满的日期为翌年2月月底。

(五)凡根据本法第四十七条在其退休年龄之前届满的校长(仅限于拥有教师证书的校长)如果希望担任教师,考虑到其上课的能力和健康状况等因素,可以聘任为教师。

(六)根据本款第五项聘任的每位教师应优先视为总统令规定的高级教师。

(七)任期内,校长可以由教育部长官调任到另外的职位。

第三十条　聘任副校长、教师、学校督察等

应由教育部长官任命属于以下任何一项的教育公务员:

(一)本法第二十四、二十五、二十六条,第二十九条第二款规定以外的教职员工;

(二)学校督察和教育研究人员。

第三十一条　受邀教学人员

(一)大学可以指定为国家机构、研究所、公共组织、公司等工作的人,居住在外国的人,或具有《高等教育法》第十七条规定的资格的外国人作为特邀教授。

(二)如果高中或较低级别的学校校长有意向邀请学校特别需要的人(仅限拥有校长资格证书或教师资格证书者)担任教师,可以请权威人士推荐受邀教师担任特聘校长或特聘教师。

(三)根据本条第二项要求聘任受邀教师的当局可从被要求聘任的人士中任命1名受邀校长或受邀教师。

（四）由总统令规定受邀教学人员的聘任、报酬和职责所需的事项。

第三十二条
短期教学人员

（一）在以下任何一项的情况下，有权为高中或较低级别的学校聘任教学人员者，可以在规定的时间内，在预算限制内从具有教师资格证书的教师中聘任：

1. 如果教师因本法第四十四条第一款规定的任何理由而临时离职，则不可避免地需要填补职位空缺；

2. 如果教师因总统令规定的任何理由（如派遣、培训、停职或取消公职等方式）离任，则不可避免地需要填补职位空缺；

3. 如果教师有必要在一段有限的时间内负责特殊科目；

4. 如果有必要利用教育公务员的知识或经验；

5. 如果教师有必要在幼儿园负责照顾全天制托管的儿童。

（二）本款第一项聘任的短期教学人员不得优先聘任为正规教师，也不得聘任其担任具有重要职责的任何监督职位，但根据第一项第四目聘任的人除外。

（三）任何短期教学人员均不受本法第四十三至四十七条和第四十九至五十一条以及《国家公职人员法》第十六条、第七十条、第七十三条、第七十五条、第七十六条、第七十八条至第八十条、第八十二条和第八十三条的管束。工作期限届满时，短期教学人员需要离职。

（四）短期教学人员的聘任按照适当修改后的本法第十条第三款第一项进行。

支付奖学金和义务服务

（一）为确保提供稳定的教师队伍，教育办公室主任可以向师范学院院长推荐符合市、道市政条例所订标准并适合入读师范学院的人士。

（二）教育办公室主任可根据本款第一项的建议，为进入或注册师范学院的学员提供奖学金。

（三）教育办公室主任可以根据本款第二项规定让奖学金获得者申请公开筛选程序，该程序将从教师学院毕业后最多4年内的候选人中选择担任主管区执教的教师。如果他们通过公开筛选程序，可以在市、道市政条例规定的期限内，在确定的范围内履行提供义务服务的责任，该期限不超过他们收到奖学金的时间的2倍。

（四）如果目前根据本款第二项规定获得奖学金的任何人符合以下任何一项，根据市、道市政条例的规定，教育办公室主任可命令该人或其联合担保人退还全部或部分奖学金，也可以通过和收取未遵守规定者拖欠地方税相同的方式收走奖学金。但是，如果因为市、道市政条例中提到的不可避免的理由，则不适用，例如：由于与执行公务有关的疾病而在义务服务期间退休等。

1. 其被学校开除，或辍学，或转学到另一所学校；

2. 有证据证明其没有被聘任为公务员的资格；

3. 其在学校时拒绝接受奖学金；
4. 在规定的期间内，其未能申请公开筛选程序，或未履行应提供义务服务的责任。

第三十三条　聘任权的委托等

（一）按照总统令的规定，总统可将其部分聘任权委托给教育部长官，教育部长官可将其部分聘任权委托给教育机构、教育行政机构或教育研究机构的负责人。

（二）根据《高等教育法》第五十九条第三项委托相关中央行政机构负责人聘任属于学校的教职员工的事宜，可以按照本条第一项的任用标准。

第五章　薪　酬

第三十四条　确定薪酬的原则

（一）教育公务员应获得优惠薪酬。

（二）教育公务员的薪酬应由总统令确定，以符合其资格或经验，以及职责和责任的难度。

第三十五条　薪酬规定

在本法第三十四条第二项总统令规定的事项中，除《国家公务员法》第四十七条和《地方公务员法》第四十五条规定的内容外，还应规定下列事项：

（一）总统令规定的为学校或教学科目工作的教学人员的特殊津贴的相关事项；

（二）关于短期教学人员薪酬的事项；

（三）关于研究津贴的事项；

（四）关于教学津贴的事项。

第三十六条　自愿退休

（一）如果在退休年龄之前已经受雇超过 20 年的教育公务员自愿退休，可以在预算限额内给予其自愿退休津贴。

（二）在本条第一项规定的教育公务员中，其在任期结束前自愿退休，退休年龄应与本法第四十七条的规定相同。

（三）应由总统令规定根据本条第一项支付自愿退休津贴的范围和数额以及程序和其他必要事项。

第六章　培　训

第三十七条　平等培训机会

每个教育公务员都有平等的机会接受培训机构的再教育或培训。

第三十八条　培训和教学材料需要的费用

（一）教育公务员应不断努力研究和完善自己应履行的职责。

(二)国家或地方政府应制订教育公务员培训计划和推广计划,准备必要设施,并努力执行这些计划,应按照总统令的规定支付所需教学材料的费用。

(三)国家可以在预算限额内全部或部分补贴地方政府支付本条第二项规定的教学材料的费用。

第三十九条 培训机构的设立

(一)应建立培训机构对教育公务员进行再教育和培训。

(二)应由总统令规定根据本条第一项设立和运营培训机构所需的事项。

第四十条 特殊培训

(一)国家或地方政府可以为教育公务员制订特殊培训计划,并让他们在国内外的教育机构或研究机构接受一段时间的培训。

(二)国家或地方政府可以在预算限额内支付本条第一项规定的特殊培训费用。

(三)教育部长官应指导或监管接受本条第一项特殊培训的教育公务员,以实现培训目标,应由总统令规定此类指导或监管所需的事项。

(四)根据总统令规定,根据本条第一项接受过特殊培训不超过6年的教育公务员有责任提供义务服务,该责任可以强制执行。

(五)如果目前根据本条第一项正在接受或接受过特殊培训的教育公务员未遵守本条第三项关于管理和监督的指示,或未能根据本条第四项提供义务服务,则教育部长官可以命令此类官员或其联合担保人返还总统令规定的特殊培训中发生的全部或部分费用;如果此类官员未能遵守该命令,则教育部长官可能会以相同方式,根据特殊培训所需的财政资源费用收取拖欠的国家或地方税。

第四十一条 培训机构和办事处以外的其他地方的培训

教育公务员在其所属行政机构负责人的批准下,可以在培训机构或办公室以外的其他地点或场所接受培训,除非这样会干扰到他们的课程。

第四十二条 评估培训结果和表现

(一)教育培训机构、教育行政机构或教育研究机构的负责人应定期或不定期评估其管辖范围内的再教育和培训的实际结果以及教育公务员的表现,并将该结果报告人事管理机构。

(二)应由总统令规定根据本条第一项评估再教育、培训和表现的实际结果所需的事项。

第七章 地位保障、纪律处分和上诉

第四十三条 尊重教育机构和保障教师地位

(一)教育当局应受到尊重,教师不应受到可能影响其特殊职位和身份的不公正干涉。

(二)除非被判刑或受到纪律处分,任何教育公务员不得在违背其意愿的情况下被要求临时退休、降职或离任。

(三)任何教育公务员均不得在官方建议下辞职。

第四十四条　临时离职相关规定

(一)如果教育公务员由于以下任何一项而打算临时离职,则任命机关可以命令其临时离职;但在本项第一目至第四目和第十一目的情况下,任命机关可在违背其意愿的情况下命令教育公务员临时离职;在本项第七目的情况下,任命机关应根据其意愿允许教育公务员临时离职。

1. 因身体或精神障碍而需要长期护理(包括由于不育或生育困难而需要长期治疗的情况);

2. 根据《兵役法》被征召或集合到军队服役;

3. 由于自然灾害、战争、国家紧急情况或其他原因,其下落未知;

4. 由于要履行其他法令规定的职责,其职务将被解除;

5. 由于留学获得学位或参加研究或在国外接受培训不少于1年;

6. 临时受雇于国际组织、外国组织或国内外大学或研究所,或任何其他国家机构、海外教育机构或总统令指定的私人组织;

7. 有必要抚养不超过8岁的孩子(如果孩子上学,指的是小学2年级以下的孩子),或女性教育公务员怀孕或分娩或领养19岁以下的子女。

8. 在教育部长官指定的国内研究所或教育机构接受培训;

9. 需要照顾因事故、疾病等缘故需要长时间休养的父母、配偶、孩子或配偶的父母;

10. 配偶在国外工作或属于本项第五目的情况;

11. 根据《教师工会成立和运作法》第五条,全职为教师工会工作。

(二)根据《政党法》第六条有权成为缔约方成员的教师如果当选为国民议会议员,在其任职期间,根据《国民议会法》第二十九条,应临时离职。

(三)如果在大学任职的教育公务员由于被聘任为教育公务员以外的公职人员,则聘任机构可以命令其临时离职。在这种情况下,该公职人员的临时离职期应包括在其服务期内。

(四)根据本条第一项第七目的规定,聘任当局不能以临时离职为理由,对任何教育公务员给予不利待遇。同一条款规定临时离职期间的第一年应计入教育公务员的服务期。

(五)应由总统令规定根据本条第一项规定,管理临时离职制度所需的事项。

第四十五条　临时离职期限等

(一)临时离职的期限如下:

1. 因本法第四十四条第一项第一目规定的理由而临时离职的期限不得超过1年(《公职人员养老金法》规定,因与公职人员执行公务有关的疾病或受伤而临时离职的期限为3年);

2.因本法第四十四条第一项第二目和第四目规定的原因而临时离职的期限应在有关服务期限届满时终止；

3.因本法第四十四条第一项第三目规定的原因而临时离职的期限不得超过3个月；

4.因本法第四十四条第一项第五目规定的原因而临时离职的期限不得超过3年；但如果获得学位，则该期限最长可延长3年；

5.因本法第四十四条第一项第六目规定的原因而临时离职的期限应包括在服务期内；

6.因本法第四十四条第一项第七目规定的原因而临时离职的期限，为每名儿童不得超过1年（如果是女性教育公务员，则为3年），并且不允许分期临时离职；

因本法第四十四条第一项第一项第七目规定的原因而临时离职的期限，为每个领养子女不得超过6个月；

7.因本法第四十四条第一项第八目规定的原因而临时离职的期限不得超过3年；

8.因本法第四十四条第一项第九目规定的原因而临时离职的期限不得超过1年，在服务期内不得超过3年；

9.因本法第四十四条第一项第十目规定的原因而临时离职的期限不得超过3年，最长可延长3年；但是临时离职的总期限不得超过海外服务、学习、研究或配偶培训的期限；

10.因本法第四十四条第一项第十一目规定的原因而临时离职的期限为全职工会会员的服务期。

（二）在大学任职的教职员工，根据本条第一项规定的原因面临时离职的期限不得超过其根据本法第十一条第三项规定的任期的剩余期限；但不适用于根据本法第四十四条第一项第四至十目及四十四条第二、第三项规定的临时离职。

（三）如果根据本条第一项第六目或第九目，临时离职不少于2年的教师希望恢复原职，须依照总统令的规定接受培训。

第四十六条　限制优先晋升降级人员

当《国家公务员法》第七十三条第四款第三项或《地方公务员法》第六十五条第四款第二项适用于教育公务员时，在自己同意降职的情况下，转至另一个行政机构时，若此机构中的聘任者或有权要求聘任的人与前行政机构的聘任者不同，该教育公务员可能不会被优先晋升。

第四十七条　退休年龄

（一）教育公务员的退休年龄为62岁，根据《高等教育法》的规定，作为教师的教育公务员的退休年龄为65岁。

（二）教育公务员（包括具有指定任期的教育公务员）若达到退休年龄的日期在3月至8月之间，应于当年8月31日退休；若在9月至翌年2月之间，应于翌年2月末退休。

第四十八条　不得逮捕教师特权

未经所属学校校长批准，除非公开犯罪，不得在校园内逮捕任何教师。

第四十九条　申诉处理

（一）教育公务员（不包括在公立大学任职的教育公务员，以下同样适用于本条）可要求就各种工作条件进行咨询或审查，例如人事、组织、待遇或其他个人事务，且不得因该请求而受到惩罚或不利对待。

（二）有权委任或要求委任有关公职人员的官员（包括有权推荐该公职人员者，以下同样适用于本条）收到本条第一项中提到的要求时，应将其提交给申诉审查委员会进行讨论和审查，或者由相关教育公务员根据审查结果对申诉人进行咨询，应努力解决申诉，并公平处理该问题。

（三）为了审查教育公务员的申诉，应在教育科技部设置教育公务员中央申诉审查委员会，以及为了有权聘任或要求聘任教育公务员的相关官员设置的教育公务员一般申诉审查委员会。教育公务员中央审诉审查委员会的职能，应由教育信访审查委员会根据《改善教师地位特别法》进行管理。

（四）教育公务员中央审诉审查委员会应审查通过教育公务员一般申诉审查委员会的审查过程的复审请求、职位等于或高于大学副教授的人的申诉，以及总统根据本法第二十九条任命的监督官员、教育研究人员或校长的申诉。

（五）教育公务员一般申诉审查委员会应审查来自大学教职员工（职位低于或等于副教授）的申诉，以及来自教育部长官聘任的教育公务员的申诉。

（六）尽管有本条第五项的规定，如果教育公务员提出的申诉涉及2个或2个以上不同的行政机构，教育公务员的中央申诉审查委员会可以对此进行审查，认定为不适合该教育官员所属的行政机关教育公务员的一般申诉审查委员会审查此类申诉时，直属上级行政机关的教育公务员一般申诉审查委员会可以审查此类申诉。

（七）如果有权聘任或要求聘任教育公务员者在审查申诉后认为有必要，可以要求诉讼主管部门的负责人或相关的行政机关纠正这种申诉，且诉讼主管部门负责人或有关行政机关在收到此类请求后，应当遵守该程序，并将程序结果通知有关教育公务员，除非有特殊情况。例如，因任何不可抗力不能这样做，则应公开此类理由。

（八）应由总统令规定教育公务员申诉审查委员会的章程、权限和审查程序及其他必要事项。

第五十条　教育公务员纪律委员会章程

（一）教育公务员纪律委员会（以下简称纪律委员会）应根据本法第十条第三款的规定，按照决定对教育公务员采取纪律处分以及教师招聘事宜的总统令的规定，由教育培训机构、教育行政机构、地方政府和教育研究机构之人员组成。

（二）应由总统令规定纪律委员会的种类、构成、权限或审查程序，有关对纪律委员会成员的除名或质询的事宜，以及受到纪律处分者陈述权的相关事宜。

（三）如果受到纪律处分者没有机会发表意见，则对该纪律处分的裁决无效。

第五十一条 关于纪律处分的决定请求

（一）如果教育培训机构、教育行政机构、地方政府或教育研究机构的负责人承认其管辖范围内的教育公务员符合《国家公务员法》第七十八条第一项或《地方公务员法》第六十九条第一项规定的纪律处分中的任何情况,应要求对有关纪律案件具有管辖权的纪律委员会立即做出决定。但是,若对有关纪律案件具有管辖权的纪律委员会是由上级行政机关之人员组成的,应当向上级行政机关负责人提出纪律决定请求。

（二）在本条第一项的情况下,有权要求做出纪律决定人员的纪律案件的决定,应直接由上级监督机关的负责人提出。

第五十二条 删 除

第五十三条 与《国家公务员法》的关系

（一）在《国家公务员法》第十六条第二项适用于作为教育公务员的教职员工时（不包括在公立大学任职的教育公务员,以下同样适用于本条）,其上诉委员会一节中提到的同一条的第二项应视为教师上诉委员会。

（二）在《国家公务员法》第四十三条第一项适用于教育公务员时,其第七十一条第一项第一、二、三和六目或第七十一条第二项或第七十三条第二项应视为与《教育公务员法》具有同等效力,第七十一条第二项第四目或第四十四条第一项第一、二、四、七、八目或第十一条第二、三项应视为本法第四十四条第一项第七目。

（三）根据《国家公务员法》第七十条第一项第三目改变或废除办事处组织,并根据同一法令第七十三条第四项第一目改变职位,根据《初等和中等教育法》第二条和《高等教育法》第二条（不包括公立大学）,废除不同级别学校、部门或学院。

（四）在《国家公务员法》第三十二条第四项适用于教育公务员时,同一条第一项中的各级国家机关负责人应视为有雇佣或提出雇佣教育公务员权利者。

（五）《国家公务员法》第六条、第十七条、第十九条第二项、第二十一至第二十四条、第二十八条第二和第三项、第三十一条至第三十二条第二项、第三十四条、第三十六条至第三十九条、第四十条第一项、第四十一条、第四十二条第二项、第五十条,不适用于教育公务员,同一法令第七十六条不适用于教师（公立大学教师除外）。

第八章 公立大学的教育公务员

第五十四条 地方教育公务员人事委员会

（一）地方政府应当设立地方教育公务员人事委员会,对当地政府首脑就关于在公立大学任职的教育公务员人事方面的重要事宜提出的咨询给予回应。

（二）地方教育公务员人事委员会由7名成员组成,其中1名主席由当地政府的副主任担任。在这种情况下,对于有2名或2名以上副主任的地方政府,由总统令规定1名副主任担任人事委员会的主席。

(三)人事委员会的成员由当地政府首脑从具有教育经验或7年以上行政经验和在人事管理方面有相当丰富知识的人中指定或任命。

(四)地方政府首脑应当将下列事项提请地方教育公务员人事委员会审议:

1.关于人事管理政策和标准的决定以及编制公立大学教育公务员基本计划的事项;

2.关于制定、修改或废除公立大学教育公务员个人事务的市政条例或市政规章的事项;

3.其他有关公立大学教育公务员个人事务的重要事项。

第五十五条　公立大学校长等的聘任

(一)公立大学的校长按照总统令的规定由地方政府首脑根据有关公立大学的建议,经地方教育公务员人事委员会协商后聘任。聘任为新成立的公立大学的校长,或者担任院长的人被聘任为有关公立大学校长,或担任校长的人因职务变更而在其任职期间聘任为公立大学的院长,应由地方政府首脑在征求地方教育公务员人事委员会的意见后进行。

(二)教授、副教授、助理教授由地方政府首脑根据有关公立大学校长的推荐聘任,全职讲师、助教由有关公立大学校长聘任。

(三)根据本条第二项的要求聘任教授、副教授或助理教授,或聘任1名全职讲师时,应取得有关大学人事委员会的批准;未能组成大学人事委员会的新成立的公立大学,在有关大学人事委员会成立前应当由当地教育公务员人事委员会批准。

(四)副校长由公立大学校长经大学人事委员会批准从教授中指派,研究生院院长或学院院长从教授或副教授中指派。

(五)地方政府首脑可按照市政条例的规定,将本条第二项规定的部分权力下放给公立大学校长。

(六)本法第二十四条第四项应比照适用于公立大学校长的聘任。在这种情况下,大学应视为公立大学。

第五十六条　公立大学教育公务员的申诉处理

(一)公立大学的任何教育公务员都可以要求对人事问题进行协商,或对各种办公条件的申诉进行审查,比如人事事务、组织或待遇,并且不得因该要求而受到不利的处罚或对待。

(二)有权根据本条第一项的规定聘任或要求聘任教育公务员者,应将问题提交申诉审查委员会进行审议,或由其管辖下的公职人员与相关教育公务员协商,并应努力以公平的方式解决申诉和处理问题。

(三)公立大学教育公务员申诉审查委员会(以下简称公立大学申诉委员会)应由地方政府设立,以审查公立大学教育公务员提出的申诉。公立大学教育公务员的一般申诉审查委员会(以下简称公立大学一般申诉委员会)应由公立大学设立,公立大学申诉委员会的职能由当地教育公务员人事委员会管理。

（四）公立大学申诉委员会应审查经公立大学一般申诉审查委员会审查后提出的复审请求，以及在公立大学具有相当于或高于副教授职位的教育公务员提出的申诉。

（五）公立大学一般申诉委员会应审查在公立大学中担任相当于或低于副教授职务的教育公务员提出的申诉。

（六）尽管有本条第五项的规定，但如果公立大学的教育公务员在第五项规定的情况下提出的任何申诉涉及2个或2个以上行政机构，其任免权限彼此不同，或者认为不适合由公立大学一般申诉委员审查此类申诉的，则由公立大学申诉委员会进行审查。

（七）有权在公立大学聘任或要求聘任教育公务员者，经申诉审查后认为有必要，可请求诉讼行政当局的首长或有关行政机构来解决这种申诉，受请求的行政当局首长或有关行政机构应遵守此类请求，在没有减轻责任的情况下，告知其结果。但如果由于任何不可避免的理由而无法解决申诉，则应告知理由。

（八）由市政条例规定公立大学申诉委员会的章程、职权或审查程序，或其他必要事项。

第五十七条　与《地方公务员法》的关系

（一）在《地方公务员法》第二十条第二款适用于作为公立大学教育公务员的教学人员时，该条所指的审查委员会应视为教师上诉委员会。

（二）在《地方公务员法》第四十一条第一项适用于公立大学教育公务员时，同一条款中提到的第六十三条第一项的第一、二、四或五目，或第六十三条第二项或第六十五条第二款，应视为《教育公务员法》第四十四条第一项的第一至二目、四至七目、八至十一目，或第四十四条第二项和第三项；《地方公务员法》的同一条同一款提及的第六十三条第二项，应视为《教育公务员法》的第四十四条第一项第七目。

（三）在《地方公务员法》第六十二条第一项第三目中对1个办公组织进行变更或废除，以及在第六十五条第四款第一项中对1个办公组织进行改变时，大学、系或公立大学的本科学院的废除应视为包含在其中。

（四）在《地方公务员法》第三十条第四项适用于公立大学教育公务员时，同一条第四款中的地方政府首脑应视为有权聘任或请求聘任者。

（五）在《地方公务员法》第六条、第七至二十四条、第二十九至三十条、第三十四至三十七条、第三十九条至第四十条、第七十四条不适用于公立大学教育公务员时，该法的第六十七条第二项不适用于作为公立大学教育公务员的教学人员。

第五十八条　罚　则

（一）违反本法第二十四条第二款第一项者应处以不超过2年的监禁或不超过2 000万韩元的罚款。

（二）违反本法第二十四条第二款第二项和第四项者应处以不超过1年的监禁或不超过1 000万韩元的罚款。

（三）妨碍查阅资料或未能遵照要求提交资料，或提交虚假资料而违反《公共官员选举法》第二百七十二条第二款第三项者,根据第二十四条第三款第三项比照适用的预防选举舞弊行为,应处以不超过1年的监禁或不超过200万韩元的罚款。

(四)违反本法第二十四条第二款第三项者将被处以不低于500万韩元但不超过3 000万韩元的罚款,但如果是仅与公共利益有关的真实事实,不予处罚。

(五)本条第一至四项规定的罪行的诉讼时效应在有关的选举日期后6个月内完成,但当罪犯逃脱时,有关期限为3年。

第五十九条　过失罚款

(一)没有任何合法理由未按《公共官员选举法》第二百七十二条第二款第四项规定出席要求出席者,根据本法第二十四条第三项第三款比照适用的预防选举舞弊行为,应处以不超过100万韩元的过失罚款。

(二)本条第一项规定的过失罚款应由区、市、郡的选举委员会收取。

(三)对本条第二项规定的过失罚款处分不服者,可以自接到处分通知之日起30天内向执行机关提出异议。

(四)根据本条第二项因过失行为被处以罚金的人根据本条第三项提出异议时,执行机关应立即通知主管法院,收到该通知的法院应根据《无争议案件诉讼程序法》对因过失造成的罚款进行审判。

(五)如果在本条第三项规定的期限内未提出异议也未支付过失罚款者,则应当按照收取拖欠国家税收的方式进行收取。

附则(第3953号法令,1987年11月28日)

本法自1988年1月1日起施行。

附则(第4009号法令,1988年4月6日)

第一条　执行日期

本法自1988年5月1日起施行;但在各地方政府成立地方议会之前,应适用先前的规定。

第二条至十七条　省　略

附则(第4268号法令,1990年12月27日)

第一条　执行日期

本法自公布之日起施行。(附文省略。)

第二条至第十条　省　略

附则(第4304号法令,1990年12月31日)

第一条　执行日期

本法自公布之日起施行。

第二条　国家或公立教育学院或师范学院毕业生等的过渡措施等

在新聘任教师时,聘任机关可以从以下人员中选择或聘任预定人数的固定比例的教师:1989年以前进入国家或公立教育学院或师范学院或任何其他教师培训机构的人员,完成了必修课程并从中毕业。

附则(第4347号法令,1991年3月8日)

第一条　执行日期

本法应在《地方政府法》修正案(第4310号法令)生效时或之后举行的地方理事会成员的选举日施行。

第二条至十二条　省　略

附则(第4348号法令,1991年3月8日)

第一条　执行日期

本法自公布之日起施行。

第二条　关于在大学聘任教职员工的过渡措施

关于在本法生效时聘任在大学任职的教职员工的事项以及在本法生效后在新大学就职的教职员工的事项应遵守先前的规定,直至总统令根据本法第十一条第三项的修正条款提出规定。

第三条　关于大学校长或院长的过渡措施

在本法生效时任职的大学校长或院长应视为根据本法聘任。

第四条　关于中小学校长任期的过渡措施

本法生效时正在任职的中小学校长,应视为根据本法聘任,其任期自公布之日起施行。

附则(第4376号法令,1991年5月31日)

第一条　执行日期

本法自公布之日起施行。

第二条至第三条　省　略

附则(第4620号法令,1993年12月27日)

第一条　执行日期

本法自1994年2月1日起施行。

第二条　关于监督官员和教育研究人员的过渡措施

本法生效时任职的监督官员和教育研究人员应视为根据本法聘任。

第三条　关于教育公务员中央申诉审查委员会举行申诉案件的过渡措施

本法生效时教育公务员中央申诉审查委员会的申诉案件,应交由教师纪律审查委员会根据第四十九条第三项的修正条款处理。

附则(第4841号法令,1994年12月31日)

本法自公布之日起施行。

附则(第5065号法令,1995年12月29日)

本法自1996年3月1日起施行。

附则(第5158号法令,1996年8月14日)

本法自公布之日起施行。

附则(第5207号法令,1996年12月30日)

第一条　执行日期

本法自1997年1月1日起施行。

第二条　关于在公立大学任命教育公务员的过渡措施

本法生效时公立大学的教育公务员应视为根据本法聘任。在此情况下,受聘者的任期或任用期限的记录日期,应从前一条款的聘任之日算起。

第三条　教育公务员接受纪律处分或被免职的过渡措施

公立大学教育公务员受到纪律处分或者在本法生效时被免职的处理事宜,分别由相关大学校长或当地政府接管处理。

第四条　省　略

附则(第5717号法令,1999年1月29日)

第一条　执行日期

本法自公布之日起施行。但是,第十条第二款和第十一条第四、五、六项的修正条款将于1999年9月1日起施行,第十一条第二款的修正条款将于2002年1月1日起施行。

第二条　关于在合同基础上聘任的过渡措施

对于根据以前规定在一段固定时间内聘任的教师,尽管有本法第十一条第二款的修正规定,但先前的规定应适用至该聘任的期限终止为止。

第三条　关于退休年龄的过渡措施

尽管有本法第四十七条第一项的修正条款,但在本法生效时任职的教育公务员(根据《高等教育法》第十四条规定的教师除外),且其出生日期为以下条款设定日期范围内,应在相应条款中确定的日期依职权退出其职务:

1. 出生日期在1934年2月28日之前:1999年2月28日;
2. 出生日期为1934年3月1日至1937年8月31日:1999年8月31日。

第四条 关于自愿退休的过渡措施

1. 在确定教育公务员自愿退休津贴的范围时,根据相关规定在法定退休日期退休或在法定退休日期前自愿退休的人员,国家应向其支付自愿退休津贴。支付的金额,尽管有本法第四十条第一项的修正条款的相关规定,仍应根据先前规定确定。
2. 对于本法生效时正在服役的教育公务员,其出生日期为1937年9月1日至1942年8月31日,并于2000年8月31日前自愿退休的,其接受自愿退休津贴者的范围和支付金额,尽管有本法第四十条第一项的修正条款的规定,仍应根据先前规定确定。

附则(第6211号法令,2000年1月28日)

本法自公布之日起施行,但第四十四条第一项修正后的条款中关于育儿假的规定应于2001年1月1日起施行。

附则(第6400号法令,2001年1月29日)

第一条 执行日期

本法自公布之日起施行。(附文省略)

第二条至第四条 省 略

附则(第6710号法令,2002年8月26日)

本法自公布之日起施行。

附则(第6741号法令,2002年12月5日)

本法自公布之日起施行。但第十九条第二款修正后的规定应在公布后3个月施行。

附则(第7120号法令,2004年1月29日)

第一条 执行日期

本法自公布之日起1年后施行。

第二条至第九条 省 略

附则(第7223号法令,2004年10月15日)

第一条 执行日期

本法自公布之日起施行。

第二条 申请时限

(一)附表二第二至第四项的修订条款适用如下:

1. 2004年在大学或学院注册的学生:直到2009年公布的公开筛选程序为止;

2.2003 年在大学或学院注册的学生:直到 2008 年公布的公开筛选程序为止;

3.2002 年在大学或学院注册的学生:直到 2007 年公布的公开筛选程序为止;

4.2001 年或之前在大学或学院注册的学生:直到 2006 年公布的公开筛选程序为止。

(二)对于属于本条第一项任何一种情况的学生,并且在上学期间或毕业后根据《兵役法》在军队中服役,然后进入公开审查程序,如第十一条第一项所述,申请期限应在服役期间延长。

附则(第 7353 号法令,2005 年 1 月 27 日)

第一条 执行日期

本法自公布之日起施行。

第二条 关于重新聘任在固定期限内聘任的大学教师的程序的过渡措施

本法第十一条第三款第二项至第六项的修订条款适用于重新聘任大学教师的相关程序,在本法生效时根据以前的规定定期聘任。

附则(第 7354 号法令,2005 年 1 月 27 日)

第一条 执行日期

本法自公布之日起施行。

第二条至第四条 省　略

附则(第 7360 号法令,2005 年 1 月 27 日)

第一条 执行日期

本法自公布之日起施行。(附文省略。)

第二条至第四条 省　略

附则(第 7537 号法令,2005 年 5 月 31 日)

第一条 执行日期

本法自公布之日起 3 个月后施行。

第二条 适用于委托选举事务

第二十四条第三项修正后的规定适用于在本法实施时或之后推荐的大学校长候选人的选举。

附则(第 8635 号法令,2007 年 8 月 3 日)

第一条 执行日期

本法自公布之日起 1 年零 6 个月后施行。(附文省略。)

第二条至第四十四条　省　略

附则（第 8852 号法令，2008 年 2 月 29 日）

第一条　执行日期

本法自公布之日起施行。（附文省略。）

第二条至七条　省　略

附则（第 8889 号法令，2008 年 3 月 14 日）

第一条　执行日期

本法自公布之日起施行，第四十四条第一款第六项修正后的条款自 2009 年 1 月 1 日起施行。

第二条　适用于教师招聘

第十条第三款修正后的规定适用于本法实施后，因受到纪律处分而被解雇或解职的人员。

附则（第 10258 号法令，2010 年 4 月 15 日）

第一条　执行日期

本法自公布之日起施行。（附文省略。）

第二条至六条　省　略

附则（第 10634 号法令，2011 年 5 月 19 日）

第一条　执行日期

本法自公布之日起施行。

第二条　适用于招聘教职员工的限制

第十条第三款第一项和第三十二条第四项的修订条款应从本法生效后的首批人员开始适用，包括被解雇或解职或被判处监禁或更严厉的处罚的人员（含自法院宣布停止执行处罚以来暂停执行期限的人员）。

第三条　适用于因执行公务而引起疾病或伤害的临时离职者

第四十五条第一项修正后的规定也适用于在本法生效前因执行公务而引起疾病或伤害而临时离职者或在本法生效时临时离职者。

残疾人特殊教育法

(本法自 2016 年 8 月 4 日起施行　2016 年 2 月 3 日第 13978 号法令，部分修正)

第一章　总　则

第一条　目　的

国家和地方政府根据《教育框架法》第十八条相关规定特制定本法，以为残疾人和有特殊教育需求的人提供综合教育环境，并充分考虑相关因素，例如残疾类型和程度等特征，为他们提供教育，以帮助他们实现自我价值并融入社会。

第二条　定　义

本法中使用的术语定义如下

(一)特殊教育是指通过提供适合本法第二条规定的特征和特殊教育相关服务的课程来实现的教育，以满足有资格接受特殊教育者的教育需求。

(二)特殊教育相关服务是指有效地为有资格接受特殊教育者提供教育所需的人力和物力资源的服务，包括咨询支持、家庭支持、治疗支持、助教支持、辅助技术支持、设备支持、学习辅助工具支持、就学支持、信息获取支持等。

(三)有资格接受特殊教育者是指根据本法第十五条的规定选定的需要接受特殊教育者。

(四)特殊教育教师是指具有《初等和中等教育法》中第二条第四款规定的特殊学校教师资格证，并负责特殊教育的教师。

(五)看护人是指实际保护有资格接受特殊教育者的人，例如父母、监护人或其他人。

(六)综合教育是指根据不同的残疾类型和程度，在无歧视的情况下，在正常学校，跟同龄人一起，为符合特殊教育条件者提供的教育，以满足每个人的教育需求。

(七)个性化教育是指每个教育水平的学校负责人通过建立和实施一个包含适合于该教育的目标、方法、课程、特殊教育相关服务等的计划。根据残疾的类型和特征为其提供特殊教育的培训，以培养他们的个人能力。

(八)流动教育是指特殊教育教师和相关服务的负责人亲自到每个教育水平的学校、家庭或福利设施机构(指残疾人或儿童的福利设施机构等，下文同样适用)提供的特殊教育。

(九)未来职业教育是指通过相关机构之间的合作,提供职业复原培训、自给自足培训等,以使有资格接受特殊教育者从学校顺利过渡到社会等。

(十)特殊教育机构是指为有资格接受特殊教育者提供幼儿园、小学、中学或高中(包括主要部门,下文同样适用)课程的学校和班级。

(十一)特殊班级是指在普通学校设立的,为有资格接受特殊教育者提供综合教育的班级。

(十二)各个教育水平的学校是指《幼儿教育法》第二条第二款规定的所有幼儿园和《初等和中等教育法》第二条规定的所有学校。

第三条 义务教育等

(一)尽管有《教育框架法》第八条的规定,幼儿园、小学、初中和高中必须实行义务教育课程,本法第二十四条规定的主要部门应为未满3周岁的残疾婴幼儿免费提供教育。

(二)符合特殊教育条件且年满3~17岁的人有权根据本条第一项接受义务教育:由于缺勤等原因无法升级或毕业的人,或根据本法第十九条第三项豁免或推迟上学的人应重新入学,并且由于新旧学年存在差异而未获豁免或推迟上学的人,可增加相应的年龄上限继续接受义务教育。

(三)总统令应该规定国家或地方政府支付根据本条第一项规定的义务和免费教育费用。

第四条 禁止歧视

(一)当有资格接受特殊教育者有入学意愿时,各个教育水平的学校的校长或大学(根据《高等教育法》第二条规定的学校,下文同样适用)校长不得因残疾原因歧视他,不得剥夺他的受教育机会,例如拒绝接受入学申请或拒绝接收通过入学考试者。

(二)国家、地方政府、各个教育水平的学校负责人或大学校长,除考虑到残疾人某些特征明显不适于教育水平,不得出现属于下列任何情况的歧视有资格接受特殊教育者及其看护人的行为。

1.根据本法第二十八条,对提供与特殊教育有关的服务的歧视;

2.拒绝有资格接受特殊教育的人上课和拒绝其参加校内和课外活动;

3.拒绝看护人的参与,例如个人教育支持团队的参与;

4.入学考试中,除了需要调查并确认细节的必要的残疾人入学考试外,要求单独面试或体检的歧视。

第二章 特殊教育机构及相关委员会

第五条 国家和地方政府的职责

(一)国家和地方政府应履行以下职责,为有资格接受特殊教育者提供适当的教育:

1.制订残疾人特殊教育综合计划;

2.及早发现有资格接受特殊教育者；

3.为有资格接受特殊教育者提供入学指导；

4.研究和完善特殊教育的内容、方法和支持系统；

5.进行特殊教育教师的培养和培训；

6.制订特殊教育机构的核准计划；

7.建立和运行特殊教育机构,扩建和维护设备和设施；

8.研究、开发和分发特殊教育所需的教科书和教学设备；

9.为有资格接受特殊教育者提供使其适应未来职业生涯和工作的教育机会；

10.为残疾人提供高等教育和终身教育采取措施；

11.为支持有资格接受特殊教育者的特殊教育相关服务采取措施；

12.其他开展特殊教育所需考虑的事项。

(二)国家和地方政府应在预算限额内,优先支付履行本条第一项规定的义务所产生的费用。

(三)根据本条第一项推进履行职责缓慢,或根据本条第二项缺乏适当预算措施的地方政府,国家可鼓励当地政府采取必要措施,例如扩大预算。

(四)教育部长官应在相关中央行政机构之间建立合作制度,如文化、体育和旅游部长官,卫生和福利部长官,就业和劳动部长官以及性别平等和家庭部长官,应通力合作,有效履行第一项规定的职责。

第六条 特殊教育机构和替代性教育的建立

(一)国家和地方政府应考虑到有资格接受特殊教育者上学的便利情况,按比例在残疾人所在地区设立和经营特殊教育机构。

(二)如果国家或公立特殊教育机构数量不足,或者有资格接受特殊教育者有必要接受义务教育或免费教育,国家和地方政府可以将相关教育委托给私立特殊教育机构。

(三)在本条第二项规定的委托特殊教育的情况下,国家应提供支持,使相关特殊教育机构的教育条件满足国家或公立特殊教育机构的教育条件。

(四)应由总统令规定本条第二项所述的替代性教育和第三项所述的支持或费用负担等必要事项。

第七条 替代教育机构变更申请

(一)如果有资格接受特殊教育者进入本法第六条第二项规定的私立特殊教育机构学习,或他们的看护人认为特殊教育机构的教育活动非常差,或者不符合他们的特点,从而严重妨碍他们的教育,可以向各教育监长官详细说明有关理由,申请更换教育机构,以便可以到其他机构接受教育。

(二)根据本条第一项规定收到变更申请的各地区教育监长官,应根据本法第十条第一项设立市、郡、自治区特殊教育管理委员会或市、道特殊教育管理委员会。在收到申请之日起 30 天内,听取有关方面(如申请人和有关学校负责人等)的意见,确定是否更改并通知结果。

第八条　教师的能力提升

（一）国家和地方政府应定期为特殊教育教师提供教育和培训，以提高其能力。

（二）国家和地方政府应定期向普通学校的教师提供与特殊教育有关的教育和培训，以支持特殊教育的综合教育。

（三）本条第一项和第二项规定的教育和培训应包括促进尊重有资格接受特殊教育者人权的方案。

（四）总统令应规定根据本条第一项和第二项进行教育和培训所需的事项。

第九条　特殊教育人群的权利和义务通知

如果国家和地方政府知道本条第十五条第一项任何一目中提及的残疾人有资格接受特殊教育，则应在两周内向其看护人通知其接受义务或免费教育的权利，以及看护人的权利和义务。

第十条　特殊教育管理委员会

（一）应分别建立由教育部长官监管的中央特殊教育管理委员会，由教育总监监管的市、道特殊教育管理委员会，以及由地区教育办公室主任监管的市、郡、自治区特殊教育管理委员会，以便国家和地方政府根据本法第五条审议、履行与职责相关的重大事项。

（二）根据本条第一项的规定，中央特殊教育管理委员会的组成、运作等所需的事项，应由总统令规定；市、道特殊教育管理委员会和市、郡、自治区特殊教育管理委员会的组成、运作等所需的事项，应分别由市、道的教育条例规定。

第十一条　特殊教育支持中心的设立和运营

（一）教育主管应为每个下属教育行政机构设立并运营1个特殊教育支持中心，负责早期发现、诊断和评估有资格接受特殊教育的人，负责信息管理、特殊教育培训，支持教师和学习活动、特殊教育相关服务以及流动教育等。

（二）本条第一项规定的特殊教育支持中心应设立于下属教育行政机构，特殊学校，设有特殊班级的普通小学、中学或高中，或设立于便民的地方，如合格地区的公共机构（包括残疾人福利中心）。

（三）应由总统令规定关于特殊教育支持中心的设立和运营等的必要事项。

第十二条　特殊教育年度报告

政府应每年在国民议会常会开幕前向国民议会提交1份关于特殊教育主要问题和政策现状的报告。

第十三条　特殊教育实际情况调查

（一）教育部长官应每3年对实际情况进行1次调查，以制定特殊教育政策。例如，有资格接受特殊教育者的安置计划，以及特殊教育教师的供求计划，并公布其结果。

（二）当教育部长官认为有必要改善残疾大学生的教育条件时，可以每3年对残疾大学生的教育和福利等实际情况进行调查，并公布其结果。

（三）如有必要，教育部长官应根据第一项和第二项的规定对实际情况进行调查，可向有关中央行政机关和有关地方政府的负责人、《公共机构管理法》下的相关公共机构的负责人以及相关公司或组织的负责人要求提交材料或意见陈述。在这种情况下，如果不存在正当理由，相关负责人应积极配合工作。

（四）应由总统令规定根据本条第一项和第二项进行调查所需的内容、方法和其他事项。

第三章　选择符合条件的有资格接受特殊教育者以及学校的安排等

第十四条　残疾的早期发现等

（一）各区教育办公室主任应与区域内居民和有关机构进行公关协调，以便及早发现残疾的和可能出现残疾的婴儿人群，并在相关地区的公共卫生所、医院或诊所进行免费筛查测试。

（二）各区教育办公室主任应在地方政府和公共卫生所、医院或诊所之间建立密切的合作体系，以便有效地进行本条第一项的筛查测试。

（三）当各个教育水平的看护人或学校负责人发现有本法第十五条第一项任何一款所规定的或有可能患有残疾的婴儿和学生时，应要求每个地区教育办公室主任对他们进行诊断或评估，即：如果各个教育水平的学校负责人要求进行诊断或评估，应事先征得其看护人的同意。

（四）当各区教育办公室主任被要求根据本条第三项进行诊断或评估时，应立即将此事提交给特殊教育支持中心进行诊断或评估，并通知婴儿和学生看护人员此类诊断或评估的结果。

（五）应由总统令规定有关本条第一项筛查测试程序和内容的必要事项，测试所需的其他事项，本条第三项事先同意的程序，以及本条第四项规定的通知程序有关事项。

第十五条　有资格接受特殊教育者的选择

（一）在下列残疾人中被确诊并确定为需要接受特殊教育者，应当是被各区教育办公室主任选为符合特殊教育条件的人：

1. 视觉障碍；
2. 听力障碍；
3. 精神损伤；
4. 身体损伤；
5. 情绪或行为障碍；
6. 自闭症（包括相关残疾）；
7. 语言障碍；
8. 学习障碍；
9. 健康障碍；

10. 发育迟缓；

11. 总统令规定的其他残疾情况。

（二）当各区教育办公室主任根据本条第一项选择符合特殊教育资格的人时，根据本法第十六条第一项的诊断和评估结果，高中课程应由市、道特殊教育管理委员会审查后由教育主管确定，中学或以下层次的课程，应由市、郡、自治区特殊教育管理委员会审查后由各区教育办公室主任选出。

第十六条　为有资格接受特殊教育者选择和确立教育支持细节的程序

（一）各特殊教育支持中心应在转诊此类诊断和评估后 30 天内进行诊断和评估。

（二）各特殊教育支持中心应根据本条第一项的诊断和评估，就是否选择有资格接受特殊教育者以及必要的教育支持细节总结出最终意见，并将其报告给各区教育办公室主任。

（三）各区教育办公室主任应决定是否选择有资格接受特殊教育者以及确定提供教育支持的详细信息，并书面通知其看护人（如父母等）。教育支持的细节应包括特殊教育、未来职业教育和事业教育、特殊教育相关服务等详细事项。

（四）在本条第一项的诊断和评估过程中，应保证看护人（如父母等）有机会表达意见。

第十七条　有资格接受特殊教育者的安置和教育

（一）各区教育办公室主任应通过有关特殊教育管理委员会的审议，将被选为符合本法第十五条规定的有资格接受特殊教育者安排到以下任一学校进行教育：

1. 普通学校的常规班级；

2. 普通学校的特殊班级；

3. 特殊学校。

（二）当各区教育办公室主任根据本条第一项规定安置有资格接受特殊教育者时，应全面确定其残疾程度、残疾人的能力以及看护人员的意见等，并将其安置在离住所最近的地方。

（三）各区教育办公室主任打算将居住在其主管区的有资格接受特殊教育者安排到位于另一个市、道的各教育等级的学校时，应咨询该市、道的地区办事处负责人（国立学校负责人）。

（四）根据本条第三项的规定，负责安置有资格接受特殊教育者的教育办公室主任或国立学校校长，除总统令规定的不可避免的情况，应遵循此类要求。

（五）应由总统令规定关于符合本条第一项至第四项规定的有资格接受特殊教育者的安置等必要事项。

第四章　婴幼儿、初等和中等教育

第十八条　残疾婴儿的教育支持

（一）如果 3 岁以下的残疾婴儿需要早期教育，其看护人可以要求各区教育办公室主任提供早教。

（二）在收到本条第一项所述的要求后，根据特殊教育支持中心的诊断和评估结果，各区教育办公室主任可以将3岁以下的残疾婴儿安排到特殊学校或特殊教育支持中心的幼儿园或婴儿班。

（三）当根据本条第二项的规定被安置的残疾婴儿留在医疗中心、福利机构、家庭等时，他们的流动教育可由特殊教育教师、特殊教育相关服务负责人等提供。

（四）国家和地方政府应努力改善教育条件，维护残疾婴儿所需的基础设施。

（五）应由总统令规定残疾婴儿教育支持所需的其他事项。

第十九条　看护人的义务等

（一）有资格接受特殊教育者的看护人应根据本法关于看护孩子的要求，保护和尊重他们接受义务教育的机会。

（二）对于因不可避免的原因无法上学的有资格接受特殊教育者，根据本条第一项规定，其上学的权利可以免除或延期。根据总统令规定：如果符合特殊教育条件者年龄为3～5岁，参加了根据《婴儿护理法》设立的托儿班，并符合总统令规定的某些教育条件，应视为接受了本条第一项规定的幼儿园义务教育。

（三）如果有权利接受义务教育者根据本条第二项被豁免或推迟后，愿意重新进入学校，可以按照总统令的规定重新进入学校。

第二十条　课程运作等

（一）特殊教育机构的幼儿园、小学、初中和高中的课程，应根据残疾的类型和程度，由教育部的条例规定。婴幼儿和主要部门的课程由学校校长在获得教育主管批准后确定。

（二）特殊教育机构负责人和有资格接受特殊教育者被安置的普通学校校长，在本条第一项课程范围内，可以通过考虑残疾的类型和程度、年龄、当前和未来的教育需求等来调整和运行课程内容。

（三）特殊学校校长可以通过获得教育主管的批准来开展幼儿园、小学、初中和高中的综合课程。

第二十一条　综合教育

（一）各个教育水平的学校校长应尽最大努力实现综合教育的准则，执行各种教育政策。

（二）本法第十七条规定的有资格接受特殊教育者的普通学校的校长应制订并实施全面的教育计划，包括课程调整、学习辅助器具支持、教师培训等。

（三）如果普通学校校长根据本条第二项的规定提供综合教育，应按照本法第二十七条的标准设立和运行特殊班级，并配备由总统令规定的设施、设备、教科书和教学设备。

第二十二条　个性化教育

（一）各个教育水平的学校的校长应组织一个由看护人、特殊教育教师、普通教育教师、负责未来职业和事业教育的教师以及特殊教育相关服务负责人等组成的个性化教育支持小组,为有资格接受特殊教育者提供适合其需要的教育。

(二)个性化教育支持小组应每学期为有资格接受特殊教育者制订个性化教育计划。

(三)如果任何有资格接受特殊教育者转到另一所学校或升入高等学校,学校应在14天内将其个性化计划发送到新的学校。

(四)特殊教育教师应支持和调整各项职责,以履行本条第一项至第三项规定的职责。

(五)应由教育部的条例规定根据本条第一项的规定,组建个性化教育支持小组所需的事项以及个人教育计划的制订、执行等。

第二十三条　未来职业和事业的教育支持

(一)中、高等学校校长应当开展职业康复培训,如职业评估、职业教育、就业支持、事后管理等,以及开展自给自足的生活训练,如日常生活适应训练和社会适应训练等。根据有资格接受特殊教育者的特点和需求,支持未来职业和事业教育,并拥有总统令规定的对未来职业和事业教育负责的合格专家。

(二)中等或高等教育学校校长应按照总统令规定的标准,准备为未来职业和事业提供教育所需的设施和设备。

(三)每个特殊教育支持中心应按照总统令的规定在相关机构之间建立合作体系,以有效地支持有资格接受特殊教育者未来的职业和事业教育。

第二十四条　主要部门的建立和运营

(一)特殊教育机构可以建立和运营提供1年或1年以上教育的主要部门,以便为高中毕业的特殊教育者提供未来职业和事业教育。

(二)教育部长官和各区教育办公室主任可以指定某教育机构,按地区或残疾的类型建立主要部门。

(三)建立主要部门的各个教育级别的学校可根据《学分认可法》第七条的规定获得学分认可。

(四)需由总统令规定本条第一、二项提及的主要部门的设施和设备标准、主要部门运作标准和负责人安置等事项。

第二十五条　流动教育等

(一)各区教育办公室主任应在正规学校和特殊教育支援中心安排特殊教育教师和特殊教育相关服务人员进行流动教育,以支持有资格接受特殊教育但接受普通学校综合教育的人。

(二)各区教育办公室主任应在必要时,为因严重残疾而无法短期或长期上课的有资格接受特殊教育者提供流动教育。

(三)各区教育办公室主任应在必要时,为居住在福利机构、医疗中心、家庭等地的有资格接受特殊教育者提供流动教育,因为他们会由于肢体严重残疾或行动技能严重受损而很难或无法在学校接受教育。

（四）为提供本条第三项规定的流动教育,各区教育办公室主任应采取必要措施,如在医疗中心或福利机构等设立并开展课程。

（五）国家或地方政府可根据总统令规定,为已根据本条第四项设立或运行课程的医疗中心和福利机构等提供行政或财政支持,以在国家或公立特殊教育机构实现公平教育。

（六）关于流动教育进行的必要事项,例如根据本条第一项至第四项规定的流动教育班的天数,应由总统令规定。

第二十六条　运行课外计划的幼儿园课程教育机构

（一）如果有资格接受特殊教育者被安置在实施《幼儿教育法》第二条第六项规定的课外计划的幼儿园课程教育机构,相关教育水平学校的校长可另外安排1名或多名为有资格接受特殊教育者制订课外计划的负责人。

（二）根据本条第一项规定的课外计划负责人资格标准、执行此类计划的方法等必要事项,应由总统令规定。

第二十七条　各教育水平特殊学校和特殊班级的设立标准

（一）特殊学校的校长和各级教育学校的校长应按照以下标准设立特殊班级：

1.幼儿园课程：如果符合特殊教育条件的人数至少为1人但不超过4人,应设立1个班级；如果人数超过4人,则应设立2个或2个以上的班级；

2.小学和中学课程：如果符合特殊教育条件的人数至少为1人但不超过6人,应设立1个班级；如果人数超过6人,则应设立2个或2个以上的班级；

3.高中课程：如果符合特殊教育条件的人数至少为1人但不超过7人,应设立1个班级；如果人数超过7人,则应设立2个或2个以上的班级。

（二）尽管有本条第一项的规定,但在流动教育的情况下,各区教育办公室主任可根据残疾的程度和类型降低班级设立的标准。

（三）应由总统令规定在特殊学校和特殊班级安排特殊教育教师的标准。

第二十八条　特殊教育相关服务

（一）各区教育办公室主任应提供家庭支持,例如为有资格接受特殊教育者及其家人提供家庭咨询。

（二）如果有资格接受特殊教育者有需求,教育主管应提供医疗支持,如物理疗法和工作疗法。

（三）各教育级别的学校的校长应向有资格接受特殊教育者提供助理。

（四）各教育级别的学校的校长应提供各种设施,如残疾人的各种教学设备、各种学习辅助设备以及有资格接受特殊教育者所需的辅助技术设备。

（五）各教育水平的学校的校长应为保障出勤采取措施,如提供校车支持、学费支持,以及助学人员的支持,为有资格接受特殊教育者提供便利。

（六）各教育水平的学校的校长可以建立和管理宿舍,以便为有资格接受特殊教育者提供生活指导和保护。《教育部条例》规定的生活指导员,以及注册护士或执业护士,应由建立和管理此种宿舍的特殊学校指派。

(七)根据本条第六项的规定提供的生活指导员和注册护士或执业护士的标准,应由《教育部条例》和市、道的公共和私立学校的教育条例规定。

(八)如果学校向各教育水平的有资格接受特殊教育者提供各种信息(包括由教育机构运营的互联网主页),则各教育级别的学校的校长应采用适合有资格接受特殊教育者的残疾类型的方法。

(九)应由总统令规定本条第一项至第八项中规定的提供特殊教育相关服务的必要事项。

第五章 高等教育和终身教育

第二十九条 特别支持委员会

(一)大学校长应设立并运营一个特别支持委员会,以便审议并确定以下事项:

1. 大学残疾学生支持计划;
2. 审议并确立重新决定的请求;
3. 总统令规定的支持残疾学生的其他事项。

(二)应由总统令规定有关特别支持委员会的设立和运营的必要事项。

第三十条 残疾学生支持中心

(一)大学校长应为残疾学生设立和管理支持中心,对残疾学生的教育和生活进行全面管控和掌握;没有残疾学生的小型大学,或残疾学生人数少于总统令规定的数量的大学,可以为残疾学生提供支持部门,或提供专属负责人以替代支持部门。

(二)残疾学生支持中心负有下列职责:

1. 关于残疾学生的各种支持事项;
2. 本法第三十一条规定的便利条款的事项;
3. 关于教师、工作人员和助理的教育事项;
4. 关于残疾学生教育福利实际状况调查的事项;
5. 其他由大学校长提出的事项。

(三)应由总统令规定关于残疾学生支持中心设立和运营的必要事项。

第三十一条 便利条款等

(一)大学校长应积极采取以下措施,为相关残疾学生的教育活动提供便利,并为他们提供:

1. 物质支持,如各种学习辅助设备和辅助技术设备;
2. 人力支持,例如教育助理的安排等;
3. 出勤便利支持;

4.信息采集支持；

5.在《保障残疾人便利化,老年人、孕妇和护理月子等法令》第二条第二款下设置便利设施的支持措施。

(二)大学校长应在相关学校的入学考试中,积极采取必要措施,方便残疾考生参加《禁止歧视残疾人法》第十四条和《侵犯权利补偿法》等各项规定下的考试。

(三)国家和地方政府应在预算范围内支持本条第一项和第二项规定的必要费用。

第三十二条　制定学校规章等

大学校长应在学校规定中制定本法规定的关于残疾学生支持等必要细则。

第三十三条　残疾人终身教育课程

(一)各教育水平的学校负责人可以根据相关学校的教育环境,根据《残疾人福利法》第二条的规定,为残疾人建立并开办终身教育课程,使其继续接受教育。

(二)《终身教育法》第二条第二项规定的任何终身教育机构都可以为残疾人建立并开展单独的终身教育课程,增加他们接受终身教育的机会。

(三)根据《终身教育法》第十九条的规定设立的国家终身教育研究所应制订计划,扩大残疾人终身教育机会并扩展残疾人终身项目。

(四)根据《终身教育法》第二十条的规定设立或指定的所有市、道国家终身教育研究所,应为《终身教育法》第二条第二项规定的所有终身教育机构提供支持,为残疾人设立和开展终身教育课程。

第三十四条　残疾人终身教育场所的设立

(一)国家或地方政府可以为未接受过小学和初中教育并超过学龄的残疾人设立和运营终身教育场所。

(二)如果国家或地方政府以外的任何人士打算根据本条第一项的规定为残疾人设立终身教育设施,需配备总统令规定的设备和设施,并在教育监长官处登记。

(三)国家或地方政府应在预算范围内补贴为残疾人提供终身教育场所的费用。

第六章　补充规定和处罚规定

第三十五条　重新确定大学决议的要求

(一)残疾学生及其看护人员可以书面形式要求大学提供本法规定的各种支持措施。

(二)根据本条第一项的规定所提出的申请,大学校长应在2周内向有关申请人发出书面通知,说明是否提供所要求的支持措施及其理由。

(三)残疾学生及其看护人可以向特别支持委员会提出重新确定决议的要求,反对大学根据本条第一项的规定提出的申请(包括遗漏和拒绝)所做的决定,以及校长、教师或违反本法的大学工作人员的行为。

(四)特别支持委员会应在2周内对本条第三项规定的重新确定请求做出决议。

（五）在重新确定的过程中，申请人应有机会表达意见。

（六）大学校长、教师和工作人员以及其他有关人员应遵循本条第四项的规定。

（七）应由总统令规定有关向特别支持委员会提出重新确定请求的必要事项。

第三十六条　重新确定高中或低级课程的要求

（一）如果有资格接受特殊教育者或其看护人对教育监长官的措施有任何异议，或对以下任何情况下的各级教育学校校长的措施有任何异议，他们可以向市、郡、自治区或市、道的特殊教育管理委员会提出重新决议的要求：

1. 根据本法第十五条第一项的规定挑选有资格接受特殊教育者；

2. 确定本法第十六条第三项规定的教育支持细节的事项；

3. 根据本法第十七条第一项的规定进行的学校的安置；

4. 违反本法第四条的规定。

（二）如果符合特殊教育条件的各教育水平的学校的校长根据本法第十七条第一项的规定，由于任何特殊的不可避免的原因而不能服从这种安排，或者有资格接受特殊教育者在3个月或更长时间内很难适应学校生活，可以向市、郡、自治区或市、道的特殊教育管理委员会提出重新决议的要求。

（三）根据本条第一项和第二项的规定收到重新决议的请求后，市、郡、自治区或市、道的特殊教育管理委员会应审议此类请求，并在30天内通知申请人处理结果。

（四）在本条第三项重新确定的程序中，应向申请人提供表达意见的机会。

（五）各区教育办公室主任、各教育水平的学校的校长及其他有关人士，应按照本条第三项的规定做出决议。

（六）有资格接受特殊教育者或其看护人如对本条第三项规定的重新决议有异议，可在收到通知之日起90天内提起行政上诉。

（七）应由总统委员会规定本条第一项至第四项规定的重新决议请求程序的必要事项。

第三十七条　权力授予和委托

（一）教育部长官的部分权力可以按照总统令的规定授予各区教育办公室主任。

（二）教育部门的部分权力可以按照总统令的规定授予各区教育办公室主任。

第三十八条　罚款条款

对以下人员应处以不超过300万韩元的罚款：

（一）采取错误措施的教育机构的负责人，例如违反本法第四条第一项的规定，拒绝接受因残疾原因而需要接受特殊教育者的入学申请或拒绝接纳通过入学考试的人。

（二）违反本法第四条第一项第一目至第三目的规定，在提供特殊教育相关服务，参与课堂和校内和课外活动以及看护人参与个性化教育支持团队方面存在歧视的人。

（三）违反本法第四条第二项第四目的规定，要求有资格接受特殊教育者单独面试或体检（面试或体检内容与方便参加大学入学考试无关）的人。

附则(第 8852 号法令,2008 年 2 月 29 日)

第一条　执行日期

本法自公布之日起施行。(附文省略)

第二条至第七条　省　略

附则(第 11382 号法令,2012 年 3 月 21 日)

第一条　执行日期

本法自公布之日起施行。(附文省略)

第二条至第三条　省　略

附则(第 11384 号法令,2012 年 3 月 21 日)

第一条　执行日期

本法自公布之日起施行。(附文省略)

第二条　省　略

附则(第 11690 号法令,2012 年 3 月 23 日)

第一条　执行日期

(一)本法自公布之日起施行。

(二)省略。

第二条至第七条　省　略

附则(第 11723 号法令,2013 年 4 月 5 日)

本法自公布之日起 6 个月后施行。

附则(第 12127 号法令,2013 年 12 月 30 日)

本法自公布之日起施行。

附则(第 13575 号法令,2015 年 12 月 22 日)

本法自公布之日起 6 个月后施行。

附则(第 13941 号法令,2016 年 2 月 3 日)

本法自公布之日起施行。

附则(第 13978 号法令,2016 年 2 月 3 日)

第一条　执行日期

本法自公布之日起 6 个月后施行。

第二条至第三条　省　略

社会教育法

(本法自 1996 年 1 月 1 日起施行 1995 年 8 月 4 日第 4964 号法令,部分修正)

第一章 总 则

第一条 目 的

本法的目的是,通过为所有人提供接受终身社会教育的机会,提高他们在社会上生存的能力,从而为社会发展做出贡献。

第二条 定 义

本法中使用的术语的定义如下:

(一)社会教育是指除了其他法令规定的学校教育外,各种系统性的终身教育活动。

(二)社会教育组织是指法人和其他以社会教育为主要目的的非法人组织。

(三)社会教育设施是指主要用于社会教育的设施。

第三条 适用范围

本法适用于社会教育,除非其他法令有特殊规定。

第四条 机会均等和自治保障

(一)保障全体人民享有平等的社会教育机会。

(二)社会教育应以学生自由参与和自发学习为基础。

第五条 社会教育公正

社会教育不得用于宣传或证明某人的政治、派系或个人偏见。

第六条 社会教育的执行

任何人都可以根据本法或其他法令和附属法规进行社会教育。但是,属于下列各项之一的人不得进行社会教育:

(一)没有能力的,或是能力欠缺的人。

(二)破产者。

（三）判刑重于免劳监禁，但自执行判决终止或确认免刑至今未满3年者。

（四）法院或相关法令暂停或取消其资格者。

第七条 教育课程等

（一）提供社会教育者应根据学习者的需要和社会教育的实用性来确定社会教育的教育课程、方法和时长，除非有本法或其他法令和附属法规的特殊规定。

（二）社会教育课程不低于固定期限，应包括人民普通教育所需的固定教育科目。

（三）由总统令决定本条第二项所述课程中，不低于固定期限的社会教育课程和人民普通教育所必需的教育科目。

第八条 公共设施的使用

（一）提供社会教育者可以使用公共设施进行社会教育，只要不影响其他想要使用公共设施的人。

（二）当社会教育者希望根据本条第一项的规定使用公共设施时，公共设施的护理人员应允许使用这些设施，特殊情况除外。

第九条 限制营利

社会教育不应用于获利。

第十条 认可完成正规教育课程者的教育职业

（一）完成总统令规定的社会教育常规课程者，应当享受社会教育允许的特权待遇。

（二）完成总统令规定的社会教育常规课程的学生，应认为其学术水平相当或高于相应学校毕业生的学术水平。

第二章 国家和地方政府的职责及相关委员会等

第十一条 国家和地方政府的职责

（一）国家和地方政府应通过配备社会教育设施，培养社会教育专家，努力使人民有机会接受终身社会教育，并根据本法和其他法令以及附属法规制定和改进教育材料和其他手段。

（二）国家和地方政府应强烈建议有教育设施的机构和商业场所开展社会教育。

第十二条 设立社会教育政策调整委员会

（一）教育部应设立社会教育政策调整委员会，以审议和调整社会教育政策。

（二）应由总统令决定第一项中所述的社会教育政策调整委员会的组织、职能和运转所需的事项。

第十三条 社会教育委员会

（一）社会教育委员会应安排在首尔特别市、特别自治市（道）、道、广域市的教育委员会(以下简称市、道教育委员会)咨询和调整社会教育的有效执行,促进社会教育者之间的合作。

(二)须由有关地方政府的市政条例决定组织和进行社会教育所需的事项。

第十四条　指导和支持

(一)当社会教育组织或社会教育设施建设者提出要求时,市、道教育委员会可以给予指导和支持。

(二)当社会教育机构或社会教育设施建设者提出要求时,市、道教育委员会可以对参加组织和设施的社会教育从事者进行教育和培训,以便提高其教育能力。

第十五条　费用补贴

(一)国家可以向地方政府提供补助,促进社会教育。

(二)国家和地方政府可以在指定预算内向社会教育组织或社会教育设施建设者提供费用补贴。

第十六条　材料介绍要求

教育部长官或市、道教育委员会可以要求社会教育组织或社会教育组织的建设者提交社会教育研究和其他计划编制所需的材料。

第三章　社会教育专家

第十七条　资　格

(一)社会教育专家(以下简称专家)在社会教育组织的储备及社会教育职工人数应大于总统令的规定,以便负责社会教育活动的指导、规划和分析,例如社会教育课程的组织和开展、教育效果的分析和评价。

(二)由总统令决定本条第一项所述的专家资格,以及其他必要事项。

第十八条　取消资格

属于本法第六条之一情况的人不得成为专家。

第十九条　社会地位保障

保证专家的社会地位,具体事项由总统令决定。

第二十条　培养专家和配备培训机构的许可证

(一)教育部长官可根据总统令授权建立机构培养或培训专家。

(二)如果希望获得成立培养或培训专家的机构的许可证,则应设立本条第一项所述的培养或培训专家所需的机构和设备。

(三)由总统令决定关于本条第二项所述机构和设备的必要事项。

第四章 社会教育场所

第二十一条 社会教育场所的建设

(一)希望配备社会教育场所者应根据总统令配备所需的场所和设备。

(二)本条第一项中规定的社会教育场所的建设人员应根据总统令,向市、道的教育委员会登记。

(三)当社会教育场所的建设者希望关闭场所时,应向市、道的教育委员会报告。

第二十二条 学术机构等

关于促进和支持场所的事项,其中私人给予许多人连续或重复不少于30天的社会教育,若这些教育不属于下列各项之一,应由法令单独确定:

(一)按照本法第二十一条的规定建设的社会教育场所;

(二)商业地区场所,用于培训企业员工;

(三)本法第二十六条所述的学校附属场所。

第二十三条 图书馆和博物馆

(一)图书馆和博物馆应当视为社会教育场所。

(二)由法令另行规定与图书馆相关的必要事项。

第五章 学校、大众媒体和社会教育

第二十四条 学校和社会教育

(一)大学、教师学院、教育学院和技术学院应当提供适合学习者学习能力的社会教育。

(二)本条第一项所述之外的学校,应考虑学校设施的条件,以适当的方式为社会教育做出贡献。

第二十五条 学校场所的使用

学校图书馆、博物馆和其他场所可用于社会教育,为学校教育增加负担的除外。

第二十六条 社会教育场所的兼并

(一)社会教育所需的场所可以附属在学校的主要场所中。

(二)当学校的创办人和经营者希望兼并或关闭本条第一项所述的场所时,应向监察办公室报告。

第二十七条 大众媒体和社会教育

报纸、广播、期刊等大众媒体的经营者应当为社会教育做出贡献,除非影响到有关媒体的运作。

第六章　补充条款

第二十八条　纠正令

(一)社会教育活动违反本法第五条、第七条第二项和第九条的规定时,市、道教育委员会可根据总统令颁布纠正命令。

(二)收到第一项所述的纠正命令时,除非有不可避免的情况,相关机构应在指定期限内执行该命令。

第二十九条　刑事规定

不服从本法第二十八条第一项所述的因违反本法第七条第二项和第九条的规定而产生的纠正令,应处以不超过100万韩元的罚款。

第三十条　执行令

应由总统令决定执行本所需的事项。

附则(第4268号法令,1990年12月27日)

第一条　执行日期

本法自公布之日起施行。(附文省略。)

第二条至第十条　省　略

附则(第4964号法令,1995年8月4日)

第一条　执行日期

本法自1996年1月1日起施行。

第二条至第七条　省　略

职业教育法

（本法自2015年12月23日起施行 2015年6月22日第133336号法令，部分修正）

第一章 总 则

第一条 目 的

本法的目的是为学生提供各种接受职业教育的机会，使其能够积极适应不断变化的职场，充分发挥天赋和才能，从而增加人们的生活幸福感，促进社会经济发展。

第二条 定 义

本法中使用的术语的定义如下：

（一）职业教育是指国家、地方政府等为学生提供职业课程、职业性格和能力倾向测试、职业指导咨询、职业信息、职业经历和就业支持等活动，通过学校和当地社区之间的合作，使学生了解职场，并根据其天赋和才能探索和设计自身的职业生涯。

（二）职业指导咨询是指为学生提供职业信息、职业咨询和指导等活动（包括在线活动）。

（三）职业经历是指学生参观工作现场并与在那里工作的工人交谈、实地考察或体验的经历，以及参加在校内外进行的职业教育课程活动，如职业训练营和特殊职业讲座。

（四）职业信息是指学生选择职业所需的信息，包括工作内容和劳动力市场所处的社会环境等实际情况。

（五）阶级是指《初等和中等教育法》第二十四条中规定的类别。

第三条 与其他法令的关系

除其他法令另有明文规定外，本法适用于所有职业教育。

第四条 职业教育的基本方向

（一）职业教育的目的是培养学生职业发展的能力，使其能够独立地明确职业道路并不断发展，以适应不断变化的职场和终身学习的社会。

（二）每个学生都有权接受适合自己发展阶段、天赋和才能的职业教育。

（三）职业教育应根据学生的参与程度和工作经验进行。

（四）职业教育应在国家及地方社区的合作和参与下，利用各种社会基础设施进行。

第五条 国家和地方政府等的义务

（一）国家和地方政府应采取必要措施，开展适合学生发展阶段、天赋和才能的职业教育。

（二）国家和地方政府应采取措施，对需要社会帮助的人进行职业教育，如残疾人、朝鲜难民、低收入家庭学生和校外青少年。

（三）受《公共机构管理法》管辖的中央行政机关、地方政府、事业单位和受《地方公共企业法》管辖的地方公共企业，应当提供教育部长官规定的实习机会。

第六条 职业教育现状调查

（一）为制定职业教育政策，教育部长官应对职业教育的现状进行调查，包括与职业教育相关的人力资源和设施现状以及职业教育计划实行情况，并公布调查结果。

（二）应由总统令规定本条第一项所述的职业教育状况调查中的详细问题所必需的事项，应进行相同的程序，并公布其调查结果。

第七条 禁止在履行职责的过程中披露信息

任何目前或从前负责职业教育者，在没有任何正当理由的情况下，不得向任何第三者披露其在履行职责过程中的任何信息。

第二章 小学和中学的职业教育

第八条 完成职业教育的目标和标准

（一）教育部长官可根据《初等和中等教育法》第二条所述的中小学学生的发展阶段和学校类型来确定完成职业教育的目标和标准的基本事项。在教育部长官确定的范围内，教育主管可以确定适合该地区的职业教育目标和标准。

（二）教育部和教育部长官应反馈本条第一项中提到的职业教育成就目标和标准课程。

（三）应由总统令规定根据本条第一项和第二项制定、实施职业教育目标和标准所需的事项。

第九条 教师专门负责教育职业

（一）教育部和教育部长官应指派给中小学若干专门负责学生职业指导的教师（以下简称专职职业教师）。

（二）教育部和教育部长官可以指派中小学专家，协助专职职业教师。

（三）专职职业教师可在与相关教师协商后，在课堂上提供职业咨询服务；在这种情况下，职业咨询的时间即为课时。

(四)本条第二项所述的协助专职职业教师的专家的任用标准由总统令规定。

第十条　职业性格和能力倾向测试

(一)中小学校长可要求学生进行职业性格和能力倾向测试,以了解其天赋和才能,并将其中的发现用作职业咨询的材料。

(二)教育部长官可以提出针对适合学生发展阶段的职业人格和能力倾向测试的管理标准。

第十一条　职业指导咨询

(一)中小学校长应为学生提供职业指导咨询,帮助其探索和选择职业。

(二)小学和中学校长可以听取学生监护人对学生职业生涯的意见。

第十二条　职业实习课程的组织、管理等

(一)教育部和教育部长官应组织和管理课程,为学生提供各种职业实习的机会。

(二)按照学校课程学习的职业实习时间应等同于课时。

(三)由总统令规定组织和管理职业实习课程和取得认可所需的事项。

第十三条　职业教育的强化学年或学期

(一)尽管有《初等和中等教育法》第二十四条的规定,但在设定特定学年或学期时,教育主管可以设立职业教育的强化学年或学期,集中管理职业实习课程。

(二)根据本条第一项来管理强化学年或职业教育学期时,应由总统令规定所需的事项。

第三章　大学和学院的职业教育

第十四条　大学和学院的职业教育

(一)《高等教育法》第二条中的学校(以下简称大学和学院)的负责人可以进行职业教育。

(二)教育部长官可以为大学和学院开展的职业教育提供必要的支持。

第四章　对职业教育的支持

第十五条　国家职业教育中心

(一)教育部长官可以通过指定1个支持职业教育的专属机构,并补贴其履行职责所产生的费用,来管理国家职业教育中心。

(二)国家职业教育中心应履行以下职责:

1.制定完成职业教育的目标和标准;

2.建立和管理职业信息网络;

3.发展职业心理测试;

4. 支持职业指导咨询;

5. 制订职业经验方案;

6. 发展职业教育内容;

7. 培训专职职业教师;

8. 对职业教育状况进行调查和评估;

9. 进行职业教育的国际交流与合作;

10. 完成教育部长官要求的职业教育的其他事项。

(三)由教育部的条例规定国家职业教育中心的指定、管理和支持所需的事项。

第十六条　地区职业教育中心

(一)关于国家职业教育中心,教育主管可以建立和管理区域职业教育中心或者指定和管理1个专属机构来提供职业信息;提供职业性格和能力倾向测试及职业指导咨询;开发和传播职业教育内容;管理和提供适合相关地区情况的职业实习。

(二)应由市政法令规定组织和管理区域职业教育中心所需的事项以及本条第一项规定的专属机构的指定等。

第十七条　地区职业教育委员会

(一)为了支持职业教育并提供建议,教育主管可以组织和管理由地方政府、公共机构、大学和学院、地方社区组织等共同参与的地区职业教育委员会。

(二)应由市、道法令规定区域职业教育委员会的组织、管理等所需的事项。

第十八条　支持职业实习

(一)国家和地方政府可以为企业、机构、组织等提供行政和财政支持,让其为学校和学生提供职业经验,使学生能够体验各种职业(以下简称职业实习提供者)。

(二)国家和地方政府应建立体系来寻求职业实习提供者并提供相关信息。

(三)应由总统令规定本条第一项所述的提供支持所需的事项及第二项所述的建立和管理信息提供系统的具体事宜。

第十九条　通过免费教育来提供职业实习机构的证明

(一)教育部长官授权机构免费向学生提供职业实习证明,该机构称为提供职业实习的教育捐助机构。

(二)教育部长官可根据本条第一项将权力下放给教育主管。

(三)由总统令规定本条第一项所述的认证标准、程序和所需的事项等。

第二十条　合作制度的建立等

(一)教育主管应与高等学校校长、地方政府负责人建立合作制度,促进职业实习等方面的合作。

(二)地方政府负责人和教育主管可以为机构的建立、运营提供支持,包括确定职业实习机构和制订职业教育相关计划。

第二十一条　监护人的参与等

（一）教育部长官和教育主管应针对学生监护人、当地社区名人、毕业生等采取必要鼓励措施，使之参与学生的职业教育。

（二）教育部长官和教育主管可根据本条第一项，为参加职业教育的监护人等提供与职业教育有关的信息会议和培训等。

第二十二条　职业教育的内容

（一）教育部长官和教育主管应制定和传播职业教育所需的各种内容。

（二）教育部长官可以支持特别市、特别自治市（道）或广域市（以下简称市、道）的教育机构、教育相关的研究机构去制定和传播职业教育所需的各种内容。

第二十三条　市、道教育机构的职业教育评估

（一）为了支持市、道的职业教育发展，缩短城乡职业教育的差距等，教育部长官可以评估市、道教育机构的职业教育，并提供行政和财政支持，作为其相应的后续措施。

（二）教育主管可为本条第一项所述的评估目的进行自我评估。

（三）应由总统令规定本条第一项所指的评估所需的事项。

职业教育和培训促进法

(本法自 2017 年 7 月 26 日起施行 2017 年 7 月 26 日第 14839 号法令,部分修正)

第一章 总 则

第一条 目 的

本法的目的是通过规定促进职业教育和培训所需的事项,为提高公民生活水平和国民经济发展做出贡献,从而为所有公民提供各种职业教育的机会,培训适合自己性格的才能,提高职业教育和培训的效率和质量。

第二条 定 义

本法中使用的术语定义如下:

(一)职业教育和培训是指为了让学生、工人等获得和改善就业或履行职责所需的知识、技能和态度而进行的职业教育和培训,这些都是与《产业教育及产学研合作促进法》《工人工作场所技能发展法》以及其他法令和附属法规一致的。

(二)职业教育和培训机构是指进行职业教育和培训的机构或场所。

(三)职业受教育者和受训人员是指接受或希望接受职业教育和培训的人。

(四)职业教育和培训导师是指在职业教育和培训机构指导职业受教育者和接受培训人员的人。

(五)产学合作是指职业教育和培训机构及行业(包括产业及研究机构协会,以下同样适用)为产业人力资源培育及产业科技发展的如下相关事宜开展的合作活动:

1. 关于职业教育和培训,对人力资源、场所、设备和信息进行联合应用和合作研究;

2. 根据特别协定设立学习或职业教育和培训课程;

3. 执行委托以提供职业教育和培训。

(六)远程职业教育和培训是指通过在偏远地区之间使用信息通信媒体进行职业教育和培训。

(七)在职培训是指在职业教育和职业培训课程中开展的职业教育和培训课程,职业教育者和受训人员可以从中获得其未来职业所需的知识、技术。

第三条　国家责任等

国家和地方政府应就下列事项制定行政和财政援助措施：

（一）扩大职业教育和培训机构的场所和设备规模，并进行实验和实践。

（二）对面临经济或时间限制的人员进行职业教育和培训。

（三）培养和提高职业教育和培训教员的素质。

（四）已转为法人实体的职业教育和培训机构。

（五）各行业进行的在职培训。

（六）实施产学合作。

（七）建立远程职业教育和培训系统。

（八）承担职业教育和培训费用，如职业教育者和受训人员的讲课费。

第二章　促进职业教育和培训

第四条　职业教育和培训总体规划的制定和实施

（一）国家制定并实施职业教育和培训总体规划（以下简称总体规划），有效推进职业教育和培训。

（二）总体规划应包括以下事项：

1.建立和运营职业教育和培训机构，确保和改进其场所与设备；

2.培养职业教育和培训的教师；

3.确立职业教育者和受训人员的未来发展方向；

4.职业教育和培训机构的联系合作；

5.评估职业教育和培训机构；

6.为职业教育和培训制定培训课程；

7.妇女职业教育和培训；

8.关于职业教育和培训的国际合作；

9.有关职业教育和培训的其他重要事项。

（三）相关中央行政机关和地方政府应根据总体规划制订并实施详细的行动计划。

（四）应由总统令规定总体规划和本条第三项规定的详细行动计划的开发程序等所需的事项。

第五条　职业教育和培训机构的联系合作

（一）职业教育和培训机构可以相互合作或共同利用人力资源、有关职业教育和培训的场所、设备和信息开展职业教育和培训课程。

（二）如果职业受教育者和受训者完成了另一个机构根据本条第一项的规定开展的职业教育和培训课程，职业教育和培训机构负责人可以认定其已完成全部或部分相关职业教育和培训课程。

(三)如果某人完成了另一个机构的职业教育和培训课程,并希望进入或注册相关的职业教育和培训机构,相关职业教育和培训机构的负责人可以给予其优先选择权。

第六条 职业教育和培训的委托

(一)国家、地方政府或希望从事职业教育和培训的人员可以委托职业教育和培训机构或有能力开展职业教育的人员进行培训,以提高职业教育和培训的效率。

(二)职业教育和培训机构负责人可以将部分机构的职业教育和培训委托给其他职业教育和培训机构或行业。

第七条
在职培训

(一)职业教育者和受训人员在职业教育和培训课程期间应接受各行业的在职培训,但这不适用于总统令中规定的职业教育和培训课程相同或相似人员。

(二)国家和地方政府可以根据总统令的规定,制订和实施指导和检查计划,以保证在职培训正常运行。

在职培训的操作标准

(一)国家和地方政府应制定在职培训的操作标准,提高在职培训的内部价值,由《初等和中等教育法》第二条提到的职业教育者和受训人员参加。

(二)本款第一项的操作标准应包括以下内容:

1.关于选择提供在职培训的行业的事项;

2.关于在职培训计划的事项;

3.关于在职培训的指导和监督的事项;

4.提高在职培训内部价值所需的其他事项。

第八条 在职培训行业的选择等

(一)按照本法第七条规定进行在职培训的行业(以下简称在职培训行业),由职业教育者和受训人员或职业教育和培训机构负责人与行业负责人协商选出。

(二)根据本条第一项选择在职培训行业时,应考虑在职培训和福利条件、职业教育者和受训人员的专业领域、在职培训计划的适当性、场所和设备的适用性等。

(三)如有必要,根据本条第二项选择在职培训行业,职业教育培训机构负责人可以要求第十八条规定的相关区域职业教育培训咨询委员会合作提供相关信息等。

(四)职业教育和培训咨询委员会收到职业教育和培训机构负责人的合作请求时,可根据本条第三项要求相关区域行业的负责人提供有关职业教育和训练。

第九条
在职培训合同等

(一)若职业教育者和受训人员接受在职培训,职业教育和培训机构负责人应提前签订在职培训合同。如果职业教育者和受训人员未成年或为在校学员,那么应根据就业和劳动部长官与教育部长官,贸易、工业和能源部长官以及中小企业部长官协商后宣布的标准签订在职合同。

(二)如果需要保护职业教育者和受训人员或需要提高在职培训的内在价值,职业教育和培训机构负责人可以参与工作培训合同的制定。

(三)本条第一项中的在职合同应包括在职行业和职业教育者及受训人员的权利和责任,在职培训的内容和方法以及在职培训的结果评估、职业教育者和受训人员的福利以及总统令规定的其他事项。

在职培训时间

(一)职业教育者和未成年人或在校学员的在职培训时间不得超过每天 7 小时,而且不得超过每周 35 小时工作小时数。根据双方协议,每天可延长 1 小时工作时间,每周可延长 5 小时工作时间。

(二)职业教育和培训机构负责人,不得对未成年人或在校学员在假期从下午 10 点到上午 6 点进行在职培训。

职业教育者和受训人员的实地指导

职业教育和培训机构负责人应确保为职业教育者和受训人员提供必要的实地指导,职业教育者和受训人员应与在产业部门接受在职培训与职业教育培训机构负责人协商。

在职培训行业的责任

(一)职业教育和培训机构负责人应通过加强在职培训条件,以及建立适当的培训环境,来保护职业教育者和受训人员的人身安全,并积极执行国家在职培训政策,配合地方政府的工作。

(二)每个在职培训行业的负责人应在实施在职培训时严格履行以下职责:

1. 确保在职培训所需的设施和设备;
2. 预防和补偿工业灾害;
3. 与职业教育和培训教师合作进行实地指导;
4. 提供有关行业在职培训的安全和健康信息;
5. 安全有效地进行在职培训所需的其他事项。

(三)如果职业教育和培训机构负责人因不可避免的原因暂停在职培训,应将此事通知其主管机构负责人。

在职培训的安全教育等

(一)职业教育和培训机构负责人应为接受在职培训的职业教育者和受训人员提供相关的安全教育。

(二)职业教育和培训机构负责人可将本款第一项规定的安全教育委托给配备有该教育所需的人力资源、设施和设备的专门机构。

第十条 有资格享受优惠职业教育和培训的人员

根据总统令的规定,在接受职业教育和培训时,考虑到人力资源的需求和供应,职业教育和培训机构负责人应当保证对残疾人和需援助人或其他必要的人士给予优惠待遇。

第十一条　职业教育者和受训人员的选拔

(一)职业教育和培训机构负责人在选择职业教育者和受训人员时,应优先考虑以下人员:

1.具备相关职业教育和培训课程资格的人员;

2.在与职业教育和培训课程相同或相似的领域完成职业教育和培训课程的人员;

3.行业或资格相关法令和附属法规规定的资格证书持有人。

(二)职业教育培训机构负责人在选择职业教育者和受训人员时,应确保实现随时随地提供职业教育和培训的社会。

第十二条　职业教育和培训课程的组织

职业教育和培训机构负责人应当组织课程,以满足职业教育者和受训人员的各种需求,并通过诸如提供相关领域从业人员参与的方式来满足行业需求。

第十三条　职业教育和培训教师的培养、培训等

(一)国家和地方政府应尽一切努力为职业教育和培训教师提供各种学习机会,如在职培训、职业教育培训和优秀教师培训。

(二)职业教育培训机构负责人应当积极利用从事该行业的人士作为职业教育和培训导师,并对从事该行业的人士提供职业教育和培训教师的优惠待遇。

(三)职业教育和培训机构负责人可以资助全部或部分培训费用,或在职业教育和培训教师接受与其职责相关的培训时,特别考虑薪酬分配。

第十四条　职业教育和培训机构专业化等

(一)国家和地方政府应制定职业教育和培训机构建立和运行的措施,提高职业教育和培训水平。

(二)国家应制定措施,将国家和公共职业教育和培训机构纳入其中,提高职业教育和培训机构的自主权,从而提高职业教育和培训的质量。

第十五条　远程职业教育和培训体系的建设

(一)职业教育和培训机构负责人应当利用高科技信息和传播媒体建立高效的远程职业教育和培训体系。

(二)职业教育和培训机构负责人应当尽力开发和利用多媒体教材等各类教育培训媒体。

第三章　职业教育和培训相关委员会

第十六条和第十七条删除

第十八条　职业教育和培训咨询委员会的设立

(一)应在特别市、特别自治市(道)、道、广域市设立职业教育和培训咨询委员会(以

下简称协商委员会),以审议有关职业教育和地方政府培训的事项;

(二)协商委员会应审议以下事项:

1. 职业教育和培训机构的设施和设备投资方案;
2. 职业教育和培训机构的合作运营;
3. 职业教育和培训机构与行业之间的产学合作;
4. 对职业教育和培训机构的评估;
5. 有关地区职业教育和培训的其他事项。

第十九条 协商委员会的组成

(一)协商委员会由包括主席在内的不超过15名成员组成。

(二)相关地方政府负责人为协商委员会主席,《工商会法》规定的地方工商会主席,地方教育行政机关负责人,地方就业和劳动办公室主任,中小企业和初创企业地方政府办公室主任,以及由相关地方政府负责人委托的代表职业教育和培训界、产业界和劳动界的人员为委员会成员。

(三)成员的任期为2年,可以连任,但任期不应超过其任职期限。

(四)协商委员会的组成和运营所需的事项,须由有关地方政府的条例规定。

第二十条 运营委员会

职业教育和培训机构可以建立一个运营委员会,该委员会由代表行业和职业教育的人士组成,包括培训社区的学生家长、职业教育和培训教师以及社区代表,以有效地制订和实施职业教育和培训的业务计划,促进产学研合作。

第四章 职业教育和培训机构的评估以及信息披露

第二十一条 职业教育和培训机构的评估

(一)国家和地方政府应就以下事项进行对职业教育和培训机构的评估:

1. 国家和地方政府提供的赠款的运作状况;
2. 职业教育和培训机构的设施和设备状况;
3. 职业教育和培训机构的教员和雇员的情况;
4. 职业教育和培训课程的开展状况;
5. 总统令规定的其他事项。

(二)国家和地方政府可根据《政府资助研究机构的设立、运营和孵化法》等,将本条第一项下的评估任务委托给韩国职业教育和培训研究所。

(三)应由总统令规定根据本条第一项进行评估的职业教育和培训机构所需的事项、评估方法等。

第二十二条 评估结果的披露等

(一)国家和地方政府应根据本法第二十一条的规定对职业教育和培训机构进行评

估,并公布结果。

(二)国家和地方政府应将本条第一项评估的结果应用于对职业教育和培训机构的行政和财政援助。

(三)应由总统令规定根据本条第一项的规定进行评估的结果所披露的范围、方法等事项。

第二十三条　职业教育和培训信息公开

(一)国家、地方政府、韩国职业教育和培训研究所、职业教育和培训机构应当披露职业教育和培训的相关信息。

(二)应由总统令规定根据本条第一项的规定披露的信息和方法,以及披露信息所需的其他事项。

第二十四条　劳动适用标准

《劳动标准法》第五十四、六十五、七十二、七十三条应比照本法适用的在职培训。在这种情况下,雇主为在职培训行业的负责人,劳动称为在职培训,工人解释为职业教育者和受训人员。

第二十五条　指导和检查等

(一)关于在职合同的完成情况、在职时间的遵守情况、在职培训的运作等,教育部长官、就业和劳动部长官以及相关负责人可以提供指导或进行检查,要求职业教育和培训机构报告或提交材料或由相关政府官员进行现场检查。

(二)教育部长官、就业和劳动部长官,以及相关负责人欲根据本条第一项的规定进行实地检查,应事先通知现场负责人检查日期、详细信息和其他必要事项。除紧急情况外,若未做出通知,可能无法完成检查的目标。

(三)根据本条第一项和第二项的规定进行实地检查的公职人员应携带1份确认其权限的文件,并将其提交给相关人员。

第二十六条　惩罚规则

任何超过在职培训时间或违反本法第九条第二项的规定在夜间或假期进行在职培训者,将被处以不超过2年的监禁或不超过2000万韩元的罚款。

第二十七条　行政罚款

(一)职业教育和培训机构负责人未按照本法第九条第一项的规定签订培训合同或使用标准合同协议书的,可被处以不超过500万韩元的罚款。

(二)本条第一项规定的罚款,应由总统令规定的就业和劳动部长官征收。

附则（第 5316 号法令，1997 年 3 月 27 日）

第一条　执行日期

本法自 1997 年 4 月 1 日起施行。

第二条　省　略

附则（第 5474 号法令，1997 年 12 月 24 日）

第一条　执行日期

本法自 1999 年 1 月 1 日起施行。

第二条至第九条　省　略

附则（第 5733 号法令，1999 年 1 月 29 日）

第一条　执行日期

本法自公布之日起施行。

第二条至第十一条　省　略

附则（第 6400 号法令，2001 年 1 月 29 日）

第一条　执行日期

本法自公布之日起施行。（附文省略）

第二条至第四条　省　略

附则（第 6878 号法令，2003 年 5 月 27 日）

第一条　执行日期

本法自 2003 年 9 月 1 日起施行。（附文省略）

第二条至第四条　省　略

附则（第 8390 号法令，2007 年 4 月 27 日）

第一条　执行日期

本法自公布之日起 6 个月后施行。

第二条至第五条　省　略

附则（第 8852 号法令，2008 年 2 月 29 日）

第一条　执行日期

本法自公布之日起施行。

第二条至第七条　省　略

附则（第 10092 号法令，2010 年 3 月 17 日）

本法自公布之日起 3 个月后施行。

附则（第 10339 号法令，2010 年 6 月 4 日）

第一条　执行日期

本法自公布之日起 1 个月后施行。（附文省略）

第二条至第五条　省　略

附则（第 10776 号法令，2011 年 6 月 7 日）

本法自公布之日起施行。

附则（第 13048 号法令，2015 年 1 月 20 日）

本法自公布之日起 6 个月后施行。

附则（第 13942 号法令，2016 年 2 月 3 日）

第一条　执行日期

本法自公布之日起 6 个月后施行。

第二条　在职培训合同的过渡措施

前一条款适用于本法生效时按照原规定订立的在职合同。

附则（第 14839 号法令，2017 年 7 月 26 日）

第一条　执行日期

本法自公布之日起施行，如果本法所公布的本附则第五条修正的任何法令生效但执行日期尚未到达，则在每项相关法令生效之日起施行。

第二条至第六条　省　略

产业教育促进法

(本法自 2001 年 1 月 29 日起施行　2001 年 1 月 29 日第 6400 号法令，部分修正)

第一章　总　则

第一条　目　的

本法旨在通过产业教育加强工作精神，产业教育是国民经济发展和人民生活的基础，通过使工人获得产业技能提高其创造力，并促进有助于国民经济发展的人力资源培养所需的产业教育。

第二条　定　义

本法中使用的术语定义如下：

(一)产业教育是指由高等技术学校、职业高中、提供职业科目或职业课程的普通高中、初级学院、开放大学和普通大学提供给学生的教育，使学生获得从事农业、渔业、海运、制造业、商业等行业所需的知识、技术和态度。

(二)产业教育学院是指提供产业教育的学校。

(三)产业教职工是指在产业教育学院进行产业教育，并具备教师资格的工作人员。

(四)产业咨询是指产业教职工根据产业实体的要求，就产业技术的改进和发展或产业实体的管理等问题进行协商。

(五)删除。

第三条　为学生未来的职业生涯提供咨询

(一)国家和地方政府应制订并实施一项计划，为学生未来的职业生涯提供咨询，以便为学生提供适合其天赋和能力的产业教育机会。

(二)应由总统令规定根据本条第一项的规定为学生未来职业生涯提供咨询的方案以及编制和实施该方案所需的事项。

第四条　国家和地方政府的职责

(一)国家应履行以下各项所述的服务，以促进产业教育：

1. 制订并执行促进产业教育的综合计划；
2. 建立并管理产业教育学院；
3. 增加并维护产业教育所需的设施和设备；
4. 制订并执行实施产业教育所必需的工作实践计划；
5. 为产业教学人员制订并执行研究计划和在职培训计划；
6. 制订并执行一项向产业教育学院的毕业生提供就业咨询和额外教育的计划，以提高他们的技能；
7. 促进产业教育所需的其他服务。

（二）地方政府应根据本条第一项各目所述服务制订并执行其管辖区域所需的详细实施计划。

第二章 促进产业教育

第五条 删 除

第六条 短期产业教育机构的建立和运营

（一）国家和地方政府可以建立和运营短期产业教育机构，以对已经工作或打算在产业领域从业的人进行教育。

（二）应由总统令确定关于根据本条第一项规定建立和运营短期产业教育机构的必要事项。

第七条 特殊课程的设立和开展

如果产业教育学院的负责人认为有必要在指定的产业领域进行特殊的产业教育，以便让学生为产业技术的发展和行业的复杂性做好准备，可以在产业教育学院中设立和开展一门特殊课程。

第八条 删 除

第九条 产业咨询

（一）产业教学人员可以通过与其专业相关的产业实体的负责人协商提供咨询。

（二）需要产业咨询的产业实体的负责人可以要求产业教育学院的负责人或产业教学人员提供咨询。在这种情况下，如果没有特殊原因，产业教育学院的负责人和产业教学人员应当遵循其要求提供咨询。

（三）如果需要将产业教育学院或产业实体的研究设备用于产业技术的改进和发展，产业教育人员和产业实体负责人可以共同协商。

（四）应由总统令规定有关产业咨询和研究工具使用的必要事项。

第十条 实验和实践场所的设立

（一）产业教育学院的创办人和管理者应当在其创办或管理的产业教育学院里设立

和维护产业教育所需的实验和实践场所及设备。

(二)应由总统令规定根据本条第一项的规定设立场所和设备的标准。

第十一条　实验和实践费用的特别考虑

国家和地方政府应特别考虑在预算中编制和分配由其设立和经营的产业教育学院进行实验和实践培训所需的费用,以便有效地开展产业教育。

第十二条　产业教学人员的资格、职位数量和薪酬

考虑到产业教育的特殊性和重要性,国家和地方政府应对产业教学人员的资格、职位数量和薪酬采取特殊政策。

第十三条　新设备的供应

(一)对于由于技术开发和创新,或者应用新的科学原理和先进技术而开发和生产性能显著提高的新设备,国家或地方政府应制订并执行优先为产业教育学院提供设备的计划,从而使学生能够将其用于研究和学习。

(二)根据第一项的规定开发和生产新设备的产业实体应优先为产业教育学院提供新设备。

(三)应由总统令规定有关本条第一项和第二项所述新设备优先供应产业教育学院的必要事项。

第三章　中央产业教育委员会

第十四条　中央产业教育委员会章程

(一)中央产业教育委员会(以下简称中央委员会)由教育部和人力资源开发部中的相关人员组成,以便审议以下有关促进产业教育的重要事项:

1.关于制订促进产业教育国家计划的事项;

2.关于改进产业教育内容和方法的事项;

3.关于维护和扩大产业教育场所和设备的事项;

4.关于产业教职员工培训和实地教育的事项;

5.关于产业教育的安全与健康的问题;

6.与产业领域合作的事项;

7.其他有关促进产业教育的政策事项。

(二)删除。

(三)应由总统令规定中央委员会根据本条第一项组织和开展相关活动的事项。

第十五条　删　除

第十六条　删　除

第十七条　删　除

第四章 国家和地方的费用支出

第十八条 安装实验和实践培训设施以及其他设备所需的费用

（一）国家和地方政府应当在预算范围内分别支付安装在其建立和管理的产业教育学院进行实验和实践培训设施以及其他设备所需的费用。

（二）根据总统令的规定，国家应以补贴的形式支付当地政府根据第一项的规定承担的部分或全部费用。

第十九条 使用实验和实践培训设施以及其他设备运行所需的费用

（一）国家和地方政府应当在预算范围内分别支付使用由其设立和管理的产业教育学院的实验和实践培训设施以及其他设备运行所需的费用。

（二）根据总统令的规定，国家应支付地方政府根据本条第一项的规定承担的部分或全部费用。

（三）国家可以在预算范围内支付当地政府为产业教学人员进行实地教育所需的部分或全部费用。

第二十条 私立学校设施补贴及其他

（一）国家和地方政府可以支付私营产业教育学院安装和使用产业教育的实验和实践培训设施和设备运行所需的部分或全部费用。

（二）第十八条第二项的规定应比照适用于该条第一项规定的支付补贴标准。

第二十一条 删 除

第二十二条 课程和教科书

（一）国家应根据总统令的规定，采取特别措施制定课程，编制、批准、认可和出版教科书，以促进产业教育。

（二）国家可以支付改进课程所需的部分费用以及在预算范围内出版教科书所需的费用。

（三）应由总统令规定关于本条第二项所述补贴标准的必要事项。

第二十三条 奖学金的支付

（一）国家和地方政府可以向在产业教育学院注册入学的学生提供奖学金。

（二）应由总统令规定关于本条第一项所述奖学金支付标准的必要事项。

第五章 补充规定

第二十四条 国际合作

国家和地方政府应制订并执行下列各领域与外国政府、国际组织或外国产业教育学院、培训学院、产业研究学院和产业实体之间的国际合作计划：

（一）产业教育的信息交流。

（二）产业教学人员的交流和在职培训。

（三）参加与产业教育有关的各种活动。

（四）加强促进产业教育所需的国际合作。

第二十五条　私立教学机构及其学生及其他补贴

（一）国家和地方政府可以根据总统令的规定，在根据《私立教学机构的建立和运营法》设立的私立技术教学机构中支付学生部分学费。

（二）如有必要，国家和地方政府可以提供行政和财政支持，以改善本条第一项所述的私立教学机构的教学环境。

附则（第 4880 号法令，1995 年 1 月 5 日）

第一条　执行日期

本法自 1995 年 3 月 1 日起施行。

第二条　就业实践的过渡措施

在本法生效时根据先前规定进行的任何产业实体的工作实践应视为已根据本法第八条的规定执行。

第三条　省　略

附则（第 5316 号法令，1997 年 3 月 27 日）

第一条　执行日期

本法自 1997 年 4 月 1 日起施行。

第二条　省　略

附则（第 6400 号法令，2001 年 1 月 29 日）

第一条　执行日期

本法自公布之日起施行。（附文省略）

第二条至第四条　省　略

地方教育补贴法

（本法自2017年4月18日起施行 2017年4月18日第14761号法令，部分修正）

第一条 目 的

本法的目的是通过允许国家为地方政府提供全部或部分建立和运作教育机构和教育行政机构（包括附属组织，下文同样适用）所需的财政资源，为教育的均衡发展做出贡献。

第二条 定 义

本法中使用的术语的定义如下：

（一）根据本法第六条规定，财政需求的标准金额是指地方教育及其行政运作的财政需求量。

（二）根据本法第七条规定，财政收入的标准金额是指教育、科学、技术、体育和其他学科（以下简称教育和学术）的财政收入总额。

（三）计量单位是指在为每个部门分配当地教育管理部门后，为每个部门计量当地教育管理数量的单位。

（四）每单位费用是指每个计量单位的费用量，这是为了估算标准财政需求量而确定的。

第三条 补贴的种类和财政资源

（一）国家对本法第一条规定的用途给予地方政府的补助（以下简称补助），分为一般补助和特殊补助。

（二）补贴的财政资源应包括以下数额的总和：

1. 有关年度内部税金总额的2 027/10 000（不包括对象税和综合房地产税，对烟草征收的个人消费税总额的20/100，以及按照其他法令，特定账户用作财务的税项金额以下同样适用）；

2. 根据《教育税法》，相关年度的教育税收入总额，不包括《支持早期教育特定账户法》第五条第一项规定的数额。

（三）一般补贴的财政资源应包括根据本条第二项第二目的规定确定的总额加上相

当于第一项确定总额的96/100的数额,特定补贴的财政资源应相当于根据本条第二项第一目规定所确定总额的4/100的数额。

第四条 补贴费率的修改

(一)义务教育机构因不可避免的原因(如教师人数的增减等)导致当地教育财政人员费用发生明显变化时,国家在增加内部税后,考虑到增加补贴等,修改本法第三条第二项第一目的补贴标准。

(二)如果根据本条第一项的规定对补贴费率进行修订,有关交付方式等的事项应由总统令规定。

第五条

发放一般补贴

(一)教育部长官应根据金额,在总额的基础上,向财政收入金额低于标准金额需求的地方政府下拨一般补助金,补齐差额。

(二)如果教育部长官打算根据本款第一项的规定下拨一般补贴,应通知相关市、道的教育行政机构负责人。在这种情况下,教育部长官应准备计算一般补贴的基本信息、每个地方政府的详细信息和相关数据,并将其转发给每个市、道办事处的教育行政机构负责人。

特别补贴的授予

(一)教育部长官应按照以下所列的各项分类下拨特别补贴;如果在授予后预计仍有金额剩余,如本款第三项所述的补贴,教育部长官可以使用剩余的数额来资助某个在当地教育行政和地方教育财政方面有良好记录的地方政府:

1. 根据《地方财政法》第五十八条的规定,通过单独制订财政资助计划作为特殊财政需求,作为与全国教育相关的国家政策项目:相当于特殊补贴财政资源的60/100;

2. 计算标准金额需求的方法无法识别特殊地方教育需求时:相当于特殊补贴财政资源的30/100;

3. 在计算一般补贴的截止日期之后发生灾害时有特殊财务需求或财务收入减少:相当于特殊补贴财政资源的10/100。

(二)如果市、道教育行政机构的负责人根据本款第一项第二、三目的规定提出特殊补贴申请,教育部长官应审查申请并下拨补贴。如果出现属于本款第一项第一目的原因或教育部长官认为必要的原因,即使没有提出申请,也可以通过设定一定的标准来下拨特殊补贴。

(三)使用第一项所述的特殊补贴或可能限制其使用的条件。

(四)市、道教育行政机构的负责人打算通过改变本款第三项所述的使用条件或目的来使用特殊补贴时,应事先得到教育部的批准。

(五)如果市、道教育行政机构的负责人违反本款第三项所述的使用条件或目的使用特殊补贴或在两年或两年以上未使用此特殊补贴,则教育部长官可以命令负责人退还补贴或减少随后下拨的特殊补贴金额。

（六）应由总统令规定程序所必需的事项,例如本款第一项附带条款中选择的示范性地方政府的标准,选择方法和给予特殊补贴的时间。

第六条　财政需求的标准金额

（一）财政需求的标准金额是指每单位费用乘计量单位的计量单位数所得的金额。

（二）应由总统令规定计量项目和计量单位,单位费用由根据总统令制定的《教育部条例》的标准确定,并考虑价格的波动。

第七条　财政收入的标准金额

（一）财政收入的标准金额应包括地方政府教育和学术科学教育费用特别账户的预期收入,包括根据本法第十一条的规定从一般账户转入的资金数额。

（二）除本条第一项所述的预期收入金额外,源自地方税的财政资源应包括根据《地方税收框架法》第二条第一项第六目所述的标准税率计算的金额。当计算下年度的年度财政收入的标准金额时,计算金额与结算金额之间的差额,其他预期金额的计算方法由总统令规定。

第八条　补贴的调整等

（一）补贴因错误或伪造的计算数据而导致下拨不公正时,教育部长官应减少主管市、道办事处合法应收的补贴金额超出下拨的补贴的部分。

（二）地方政府支付大笔费用或忽视收取违反法规规定的收入时,教育部长官可以减少下拨当地政府的补贴或命令其返还部分已经支付的补贴。在这种情况下,减少补贴或退还补贴的数额不得超过因违反法规规定而被忽视导致已支出或未收取的补助金额。

第九条　预算拨款

（一）国家应在每个财政年度的国家预算中根据本法的规定进行补贴。

（二）如果由于修订后的补充预算而增加或减少内部税或教育税,补贴也应相应增加或减少;但如果减少内部税或教育税,在下个财政年度之后的财政年度,补贴可以根据地方教育财政条件等事项进行调整。

（三）内部教育税收预算与结算账户之间的差额产生的补贴差额,应当最迟在下年度的国家预算中进行调整。

第十条　根据行政区的变更等采取的措施

如果市、道被废除、建立、分割、合并,或者市、道办事处的管辖区域发生变化,教育部长官应按照总统令的规定调整有关市、道办事处的补贴,并下拨金额调整后的补贴。

第十一条　地方政府承担的费用

（一）市、道办事处的教育和学术科学费用由当地政府教育费用专用账户承担,但必要的义务教育所需的费用,应从本条第二项所述的教育费用专用账户和一般账户转入的资金以外获得补贴。义务教育以外的与教育有关的费用应从本条第二项所述的教育费用专用账户一般账户转账金额、学费和入场费等以外的补贴中获得。

(二)市、道办事处应分别在每个财政年度的一般账户预算中为公立学校的建立和运营以及改善教育环境适当分配以下各项金额,并将其转入特别账户用于教育费用。如果由于修订的补充预算而有任何增加或减少,同样也适用:

1. 相当于《地方税法》第一百五十一条规定的地方教育税的金额;
2. 烟草消费税的45/100(不包括道);
3. 首尔特别市将适用特殊大城市税总金额的10/100。

(三)特别市市长、特别自治市市长、道知事、广域市市长应在不迟于下个月的最后1天,向有关市、道办事处的教育行政机构负责人汇报根据本条第二项的规定每月征税的详情。

(四)市、道办事处有责任在不迟于下个月的最后1天,将根据本条第二项的规定转移到教育费用特别账户的金额的至少90/100转出至本条第二项规定下每月征收的税款,并应按季度结算有义务转移的金额与实际转移的金额之间的任何差额,以便在不迟于最后1天转移差额。

(五)由于预算金额与结算账户之间的差额而转移的资金的差额,应在下年度的预算中最后拨付。

(六)如果市、道办事处的教育行政机构的负责人根据本条第二项和第五项的规定规划支出预算,作为转入的一般账户拨款,则应事先咨询有关市长、知事。

(七)如果市、道办事处的教育委员会打算减少根据本条第六项规定规划的支出预算,则应事先与教育行政机构负责人和市长、知事协商。

(八)市、道办事处可以根据总统令规定的条件,补贴相当于或低于其管辖的各类学校的教育费用。

(九)市、道办事处可以将本条第二项各目以外的单独费用转入教育费用专用账户,以促进主管区域内的教育和学术科学的发展。

(十)市长、知事应在每年2月28日之前,向教育部长官提交年度、月度转移到本条第二项至第五项规定的教育费用特别账户的结果,教育部长官应在每年3月31日之前向国民议会主管常务委员会报告。

第十二条 一般补贴报告

教育部长官应不迟于每年3月31日向国民议会主管常务委员会提交1份报告,说明分配的一般补助金的标准、详情、数额以及一般补贴的其他重要事项。

第十三条 对补贴金额的正式反对等

(一)如果市、道的教育行政机构负责人已收到本法第五条第二项所述的一般补贴的决定通知,对有关地方政府的补贴金额等计算依据存在异议,则可以在收到通知之日起30天内向教育部长官提出。

(二)教育部长官应在收到本条第一项规定的反对意见之日起30天内,审查并将结果通知市、道办事处的教育行政机构负责人。

附则(第3540号法令,1982年4月3日)

第一条 执行日期

本法自公布之日起施行。(附文省略)

第二条和第三条 省 略

附则(第3561号法令,1982年4月3日)

第一条 执行日期

本法与《经济稳定与发展的紧急法令废除法》同日施行。

第二条 过渡措施

尽管有本法第三条、第四条和第九条的规定,但1982年给予的补贴应由国家预算确定。

附则(第4268号法令,1990年12月27日)

第一条 执行日期

本法自公布之日起施行。(附文省略)

第二条至第十条 省 略

附则(第4303号法令,1990年12月31日)

第一条 执行日期

本法自1991年1月1日起施行。

第二条 省 略

第三条 过渡措施

(一)1990年教育税预算与结算账户之间差额产生的补贴差额调整,适用前款规定。

(二)本法第三条第二项规定的内部税收总额不包括根据《国防税废除法》增编第二条规定征收的国防税。

附则(第4541号法令,1993年3月6日)

第一条 执行日期

本法自公布之日起施行。(附文省略)

第二条至第五条 省 略

附则(第 4687 号法令,1993 年 12 月 31 日)

本法自 1994 年 1 月 1 日起施行。

附则(第 5064 号法令,1995 年 12 月 29 日)

第一条　执行日期

本法自 1996 年 1 月 1 日起施行。

第二条　删　　除

附则(第 5454 号法令,1997 年 12 月 13 日)

本法自 1998 年 1 月 1 日起施行。(附文省略)

附则(第 5529 号法令,1998 年 2 月 28 日)

第一条　执行日期

本法自公布之日起施行。

第二条至第七条　省　　略

附则(第 5651 号法令,1999 年 1 月 21 日)

本法自公布之日起施行。

附则(第 5982 号法令,1999 年 5 月 24 日)

第一条　执行日期

本法自公布之日起施行。(附文省略)

第二条至第六条　省　　略

附则(第 6213 号法令,2000 年 1 月 28 日)

本法自 2001 年 1 月 1 日起施行。

附则(第 6331 号法令,2000 年 12 月 30 日)

本法自 2001 年 1 月 1 日起施行。

附则(第 6400 号法令,2001 年 1 月 29 日)

第一条　执行日期

本法自公布之日起施行。(附文省略)

第二条至第四条　省　　略

附则(第 6522 号法令,2001 年 12 月 19 日)

本法自 2002 年 1 月 1 日起施行。

附则(第 7251 号法令,2004 年 12 月 30 日)

第一条　执行日期

本法自 2005 年 1 月 1 日起施行。

第二条　删　除

附则(第 7328 号法令,2005 年 1 月 5 日)

第一条　执行日期

本法自公布之日起施行。

第二条至第四条　省　略

附则(第 8148 号法令,2006 年 12 月 30 日)

本法自 2007 年 1 月 1 日起施行。第三条第二项第二目修正后的条款应于 2008 年年初施行。

附则(第 8540 号法令,2007 年 7 月 20 日)

第一条　执行日期

本法自公布之日起施行。(附文省略)

第二条至第六条　省　略

附则(第 8852 号法令,2008 年 2 月 29 日)

第一条　执行日期

本法自公布之日起施行。

第二条至第七条　省　略

附则(第 9923 号法令,2010 年 1 月 1 日)

本法自 2010 年 1 月 1 日起施行。第九条第二项和第三项修正后的条款自公布之日起施行。

附则(第 10219 号法令,2010 年 3 月 31 日)

第一条　执行日期

本法自 2011 年 1 月 1 日起施行。

第二条至第十二条　省　略

附则(第 10221 号法令,2010 年 3 月 31 日)

第一条　执行日期

本法自 2011 年 1 月 1 日起施行。

第二条至第八条　省　略

附则(第 11690 号法令,2013 年 3 月 23 日)

第一条　执行日期

(一)本法自公布之日起施行。

(二)省略。

第二条至第七条　省　略

附则(第 12153 号法令,2014 年 1 月 1 日)

第一条　执行日期

本法自 2014 年 1 月 1 日起施行。(附文省略)

第二条至第十九条　省　略

附则(第 12854 号法令,2014 年 12 月 23 日)

第一条　执行日期

本法自 2015 年 1 月 1 日起施行。

第二条　省　略

附则(第 14157 号法令,2016 年 5 月 29 日)

本法自公布之日起施行。

附则(第 14373 号法令,2016 年 12 月 13 日)

本法自 2017 年 1 月 1 日起施行。

附则(第 14399 号法令,2016 年 12 月 20 日)

本法自 2017 年 1 月 1 日起施行。

附则(第 14761 号法令,2017 年 4 月 18 日)

本法自公布之日起施行。

教育框架法

(本法自2017年6月22日起施行 2017年3月21日第14601号法令,部分修正)

第一章 一般规定

第一条 目 的

本法的目的是规定公民的权利和义务以及国家和地方政府对教育的义务,并规定教育制度及其实施的基本事项。

第二条 教育原则

教育旨在培养人道主义理想下的民主公民的必要品质,通过品格的培养,发展公民的独立生活技能,让每个公民过上有益于人类的生活,为民主国家的发展和实现人类共同繁荣的理想做出贡献。

第三条 学习权

每个公民都有权通过生活学习,并根据自己的能力和才能接受教育。

第四条 教育机会均等

(一)任何公民不得因性别、宗教、信仰、种族、社会地位、经济地位或身体状况等原因受到教育歧视。

(二)国家和地方政府应制定和实施政策,尽量缩小教育条件的差距,例如在各地区之间实现教师供求平衡,使学习者获得平等的教育机会。

第五条 教育独立

(一)国家和地方政府应保障教育的独立性和专业性,制定和实施反映地区情况的教育政策。

(二)尊重学校管理的自主权,学校人员、学生及其父母、地区居民可按法规规定参加学校管理。

第六条 教育中立

(一)管理教育应该确保教育本身的目的,不得用于宣传任何政治、派系或个人偏见。

(二)国家和地方政府所建立的学校不得进行任何特定的宗教教育。

第七条 教育财政

(一)国家和地方政府应制定和实施确保教育财政稳定所必需的政策。

(二)由其他法令另行规定用于教育财政稳定性的地方教育补助金必要事项。

第八条 义务教育

(一)义务教育时长为基础教育 6 年,中等教育 3 年。

(二)每个公民都有权接受本条第一项所述的义务教育。

第九条 学校教育

(一)建立学校,提供幼儿教育、小学教育、中等教育和高等教育。

(二)学校属于公共性质,应努力维护和发展科学文化遗产,促进居民终身教育并教育学生。

(三)学校教育应重视全面教育,包括发展创造力和培养学生个性。

(四)学校教育的基本原则,如学校的类型、设立和管理,应由其他法令另行规定。

第十条 社会教育

(一)鼓励各种形式的社会教育作为公民终身教育。

(二)完成社会教育可以认定为完成与法规相当的学校教育。

(三)社会教育的基本原则,如社会教育机构的类型、设立和管理,应由其他法令另行规定。

第十一条 学校的设立

(一)国家和地方政府应当建立和管理学校和社会教育机构。

(二)根据规定,任何法人或私人都可以建立和管理社会教育的学校和机构。

第二章 教育涉及的各个单位

第十二条 学习者

(一)在学校教育或社会教育过程中,应尊重和保护学习者的基本人权。

(二)应提供教育课程、教育方法、教育材料和教育设施,以最大限度地发挥学习者的能力,尊重并重视其个性。

(三)学习者应建立学习道德,遵守学校规定,不得干扰教师的教育或研究活动,也不得扰乱学校秩序。

第十三条 监护人

(一)父母等监护人有权利和义务教育他们所照顾的子女或后代,使他们在拥有良好的性格和健康状况的基础上成长。

(二)父母等监护人可以向学校提出关于子女或后代受教育的意见,学校应尊重其意见。

第十四条　学校教师

(一)尊重学校教师的专业性,保证学校教师的经济和社会地位受到优待。

(二)学校教师应努力提高教育者的素质和资质。

(三)学校教师应建设教育道德准则,作为向学生传授学习道德准则和知识的基础,并培养每个学生的才能。

(四)学校教师不得指导或唆使学生支持或反对任何特定的政党或派系。

(五)学校教师可以在本法规定的条件下担任其他公职。

(六)由其他法令另行分别规定学校教师的聘任、服务、报酬和养老金的必要事项。

第十五条　学校教师组织

(一)学校教师应与其他人合作,努力促进教育和推进文化,并可在地方政府和中央政府组建教师组织,以提高教师的经济和社会地位。

(二)应由总统令规定本条第一项所述组建教师组织的必要事项。

第十六条　学校或社会教育机构的创办人或管理者等

(一)学校或社会教育机构的创办人或管理者应保护设施、设备、财务、学校教师等,并根据法规对其进行运营和管理。

(二)学校或社会教育机构的创办人或管理者,应按照法规的规定选择和教育学习者,并应记录和管理学习者的学术记录等教育过程。

(三)学校或社会教育机构的教育课程应提前向学习者开放。

第十七条　国家和地方政府

国家和地方政府应当为学校和社会教育机构提供指导和监督。

第三章　教育促进

第十八条

促进男女教育平等

(一)国家和地方政府应制定和实施政策,以更积极的方式实现性别平等。

(二)国家和地方政府,本法第十六条所述的学校的创办人或管理者等,在没有合理理由的情况下,不得歧视、限制或排除某种性别的人士参与教育活动。

(三)本款第一项所述的政策应包括教育计划,重点是促进女性参与活动较少的领域,如体育、科学和技术领域。

(四)应设立男女平等教育审议委员会,以便就总统令规定的事项向教育部长官提供咨询,包括提高学校两性平等学校课程的标准和细节。

(五)由总统令规定本条第四项所述的男女平等教育审议委员会成员的资质、组成和运作的必要事项。

学习道德准则的建立

国家和地方政府应制定和实施必要的政策,使所有公民能够获得各种教育过程所需的道德规范,如学习、研究和考试。

培养健康的性别意识

(一)国家和地方政府应制定和实施保护学生性别尊严和培养健康性别情感所必需的政策。

(二)本款第一项所述的政策应包括尊重个别学生的尊严和个性的教育方案,以及考虑男女性别角色的提供教育和便利设施的计划。

预防安全事故

国家和地方政府应制定和实施保障学生、教师和员工安全以及预防安全事故的必要政策。

追求和平统一

国家和地方政府应当制定和实施必要的政策,使学生或教师接受教育或培训,建立自由和民主的基本秩序,维护和平统一。

第十九条　特殊教育

国家和地方政府应当为因身体、心理和智力残疾而需要特殊教育者建立和经营学校,并制定和实施支持其教育的政策。

第二十条　资优儿童教育

国家和地方政府应制定和实施科学、艺术、体育等领域的资优儿童教育政策。

第二十一条　幼儿教育

国家和地方政府应制定和实施促进幼儿教育所必需的政策。

第二十二条　职业教育

国家和地方政府应制定和实施政策,让所有公民接受职业知识教育,并通过学校教育和社会教育发展自己的能力。

第二十三条

科学技术教育

国家和地方政府应制定和实施促进科技教育的政策。

学校体育

国家和地方政府应制定和实施政策,以提高学生的体力,并鼓励他们进行体育活动。

第二十四条
信息化教育
国家和地方政府应制定和实施信息化教育政策,如通过信息传播媒体提供教育支持,促进教育信息产业。

学校和教育机构的行政管理计算机化
国家和地方政府应使用计算机处理学校和教育组织的事务。

学生信息保护原则
(一)学校活动记录等学生信息应根据教育目的被收集、处理、使用或管理。

(二)父母等监护人有权获得本款第一项所述的学生信息,例如其所照顾的人的后代。

(三)未经相关学生同意(若学生为未成年人,应征得相关学生及其监护人,例如其父母共同同意),本款第一项所述的学生信息不得提供给第三方。

第二十五条　促进科学和文化
国家和地方政府应制定和实施政策,如建立学术机构和支持研究基金,以研究与促进科学和文化。

第二十六条　培养私立学校
国家和地方政府应支持和扶持私立学校,并应确保建立私立学校的各种独特目的得到尊重。

第二十七条
评估和认证制度
(一)国家可以建立和运行绩效评估和认证制度,使公民的学习记录等得到公正的评价,并在社会上获得公众认可。

(二)本款第一项所述的评估和认证制度应与学校课程等教育系统相互联系。

与教育有关的信息披露
(一)国家和地方政府应公开其掌握和控制的教育信息,以保障公民的知情权和学习权。

(二)应由其他法令另行规定本款第一项所述的与教育有关的信息披露的基本原则。

与教育有关的统计调查
国家和地方政府应制定与教育有关的统计调查所需的政策,以便有效地建立、实施和评估教育系统

第二十八条　健康和福利的改进
(一)国家和地方政府应制定和实施必要的政策,以改进学生和学校人员的健康和福利。

(二)国家和地方政府应制定和实施建设学生福利住房所需的政策,为学生创造安全的生活环境。

第二十九条　奖学金等

(一)国家和地方政府应当为那些由于经济原因导致接受教育受阻的人员设立、提供奖学金及教育费用等。

(二)国家可以向下列人员补贴全部或部分学费或其他所需费用:

1.教育项目内即将成为教师的人员;

2.在国内或国外主修或研究国家重点所需领域专业的人员。

(三)应由总统令规定授予奖学金和教育费用补贴的方法或程序的必要事项,以及根据本条第一项和第二项提供奖学金和补贴的人的资格和义务。

第三十条　全球化教育

(一)国家应努力为公民提供全球化教育,使其具备作为全球社会成员的知识和能力。

(二)国家应为居住在海外的韩国人提供学校教育或社会教育的政策。

(三)国家应当提供海外留学促进学术研究的政策,支持教育和研究活动,以便更好地了解韩国与其他国家的异同,并确立韩国文化的特征。

(四)国家应提供与外国政府和国际组织进行教育合作的政策。

附则(第6214号法令,2000年1月28日)

本法自公布之日起6个月后施行。

附则(第6400号法令,2001年1月29日)

第一条　执行日期

本法自公布之日起施行。(附文省略)

第二条至第四条　省　略

附则(第6738号法令,2002年12月5日)

本法自公布之日起施行。

附则(第7071号法令,2004年1月20日)

本法自公布之日起施行。

附则(第7253号法令,2004年12月30日)

第一条　执行日期

本法自2005年1月1日起施行。

第二条　省　略

附则(第 7399 号法令,2005 年 3 月 24 日)

本法自公布之日起施行。

附则(第 7685 号法令,2005 年 11 月 8 日)

本法自公布之日起施行。

附则(第 8415 号法令,2007 年 5 月 11 日)

本法自公布之日起 3 个月后施行。

附则(第 8543 号法令,2007 年 7 月 27 日)

本法自公布之日起施行。

附则(第 8705 号法令,2007 年 12 月 21 日)

本法自公布之日起施行。

附则(第 8852 号法令,2008 年 2 月 29 日)

第一条　执行日期

本法自公布之日起施行。(附文省略)

第二条至第七条　省　略

附则(第 8915 号法令,2008 年 3 月 21 日)

本法自公布之日起 3 个月后施行。

附则(第 11690 号法令,2013 年 3 月 23 日)

第一条　执行日期

(一)本法自公布之日起施行。

(二)删除。

第二条至第七条　省　略

附则(第 13003 号法令,2015 年 1 月 20 日)

本法自公布之日起施行。

附则(第 14150 号法令,2016 年 5 月 29 日)

本法自公布之日起 3 个月后施行。

附则(第 14601 号法令,2017 年 3 月 21 日)

本法自公布之日起 3 个月后施行。

科学教育促进法

(本法自 2017 年 7 月 26 日起施行　2017 年 7 月 26 日第 28211 号法令,部分修正)

第一条　目　的

制定本法的目的是规定《科学教育促进法》的相关事项及其执行所需的事项。

第二条　中央科学教育理事会的组成

(一)本法第五条规定的中央科学教育理事会(以下简称理事会)由不超过 15 名成员组成,包括 1 名主席。

(二)教育部副长官为主席,副主席从成员中选出。

(三)成员应由教育部长官委托或任命属于下列各项之一的成员:

1. 成员由三级公职人员中的相关部门领导推荐,例如政府的高级公务员,或其他等级相同的部门的公职人员,例如属于战略和财政部、教育部、科学和信息通信技术部的公职人员,以及其他教育部长官认为是促进科学教育所必需的部分当中的公职人员;

2. 其他具有深厚学习经验的科学教育人员。

(四)成员任期为 3 年,可以连任,但本条第三项第一目规定的成员任期应为相关职位的任期。

第三条　主席的职责等

(一)主席代表理事会并全面掌控理事会的事务。

(二)副主席应协助主席工作,如果主席因不可避免的原因无法履行职责,则副主席应履行主席的职责。

第四条　理事会的职能

理事会应审议属于下列任何一项的事项:

(一)科学教育的基本政策。

(二)关于制订科学教育综合计划的事项。

(三)关于改进科学教育体系的事项。

(四)关于指定科学教育研究所的事项。

(五)教育部长官为促进科学教育提出的其他事项。

第五条 理事会会议

(一)主席应召开理事会会议并主持会议。

(二)如果教育部长官要求召开理事会会议,主席应立即召开会议,不得延误。

(三)会议应在多数成员出席并同时投票的情况下做出决定。

第六条 执行秘书

(一)一名执行秘书应加入理事会。

(二)教育部长官应任命属于教育部公职人员的人士为执行秘书。

(三)执行秘书应根据主席的命令处理理事会的事务。

附 录

附录一

推动共建丝绸之路经济带和21世纪海上丝绸之路的愿景与行动

国家发展改革委　外交部　商务部
（经国务院授权发布）
2015年3月28日

前　言

2000多年前，亚欧大陆上勤劳勇敢的人民，探索出多条连接亚欧非几大文明的贸易和人文交流通路，后人将其统称为"丝绸之路"。千百年来，"和平合作、开放包容、互学互鉴、互利共赢"的丝绸之路精神薪火相传，推进了人类文明进步，是促进沿线各国繁荣发展的重要纽带，是东西方交流合作的象征，是世界各国共有的历史文化遗产。

进入21世纪，在以和平、发展、合作、共赢为主题的新时代，面对复苏乏力的全球经济形势，纷繁复杂的国际和地区局面，传承和弘扬丝绸之路精神更显重要和珍贵。

2013年9月和10月，中国国家主席习近平在出访中亚和东南亚国家期间，先后提出共建"丝绸之路经济带"和"21世纪海上丝绸之路"（以下简称"一带一路"）的重大倡议，得到国际社会高度关注。中国国务院总理李克强参加2013年中国-东盟博览会时强调，铺就面向东盟的海上丝绸之路，打造带动腹地发展的战略支点。加快"一带一路"建设，有利于促进沿线各国经济繁荣与区域经济合作，加强不同文明交流互鉴，促进世界和平发展，是一项造福世界各国人民的伟大事业。

"一带一路"建设是一项系统工程，要坚持共商、共建、共享原则，积极推进沿线国家发展战略的相互对接。为推进实施"一带一路"重大倡议，让古丝绸之路焕发新的生机活力，以新的形式使亚欧非各国联系更加紧密，互利合作迈向新的历史高度，中国政府特制定并发布《推动共建丝绸之路经济带和21世纪海上丝绸之路的愿景与行动》。

一、时代背景

当今世界正发生复杂深刻的变化，国际金融危机深层次影响继续显现，世界经济缓慢复苏、发展分化，国际投资贸易格局和多边投资贸易规则酝酿深刻调整，各国面临的发展问题依然严峻。共建"一带一路"顺应世界多极化、经济全球化、文化多样化、社会信息化的潮流,秉持开放的区域合作精神,致力于维护全球自由贸易体系和开放型世界经济。共建"一带一路"旨在促进经济要素有序自由流动、资源高效配置和市场深度融合,推动沿线各国实现经济政策协调,开展更大范围、更高水平、更深层次的区域合作,共同打造开放、包容、均衡、普惠的区域经济合作架构。共建"一带一路"符合国际社会的根本利益,彰显人类社会共同理想和美好追求,是国际合作以及全球治理新模式的积极探索,将为世界和平发展增添新的正能量。

共建"一带一路"致力于亚欧非大陆及附近海洋的互联互通,建立和加强沿线各国互联互通伙伴关系,构建全方位、多层次、复合型的互联互通网络,实现沿线各国多元、自主、平衡、可持续的发展。"一带一路"的互联互通项目将推动沿线各国发展战略的对接与耦合,发掘区域内市场的潜力,促进投资和消费,创造需求和就业,增进沿线各国人民的人文交流与文明互鉴,让各国人民相逢相知、互信互敬,共享和谐、安宁、富裕的生活。

当前,中国经济和世界经济高度关联。中国将一以贯之地坚持对外开放的基本国策,构建全方位开放新格局,深度融入世界经济体系。推进"一带一路"建设既是中国扩大和深化对外开放的需要,也是加强和亚欧非及世界各国互利合作的需要,中国愿意在力所能及的范围内承担更多责任义务,为人类和平发展做出更大的贡献。

二、共建原则

恪守联合国宪章的宗旨和原则。遵守和平共处五项原则,即尊重各国主权和领土完整、互不侵犯、互不干涉内政、和平共处、平等互利。

坚持开放合作。"一带一路"相关的国家基于但不限于古代丝绸之路的范围,各国和国际、地区组织均可参与,让共建成果惠及更广泛的区域。

坚持和谐包容。倡导文明宽容,尊重各国发展道路和模式的选择,加强不同文明之间的对话,求同存异、兼容并蓄、和平共处、共生共荣。

坚持市场运作。遵循市场规律和国际通行规则,充分发挥市场在资源配置中的决定性作用和各类企业的主体作用,同时发挥好政府的作用。

坚持互利共赢。兼顾各方利益和关切,寻求利益契合点和合作最大公约数,体现各方智慧和创意,各施所长,各尽所能,把各方优势和潜力充分发挥出来。

三、框架思路

"一带一路"是促进共同发展、实现共同繁荣的合作共赢之路,是增进理解信任、加强全方位交流的和平友谊之路。中国政府倡议,秉持和平合作、开放包容、互学互鉴、互利共赢的理念,全方位推进务实合作,打造政治互信、经济融合、文化包容的利益共同体、命运共同体和责任共同体。

"一带一路"贯穿亚欧非大陆,一头是活跃的东亚经济圈,一头是发达的欧洲经济圈,中间广大腹地国家经济发展潜力巨大。丝绸之路经济带重点畅通中国经中亚、俄罗斯至欧洲(波罗的海);中国经中亚、西亚至波斯湾、地中海;中国至东南亚、南亚、印度洋。21世纪海上丝绸之路重点方向是从中国沿海港口过南海到印度洋,延伸至欧洲;从中国沿海港口过南海到南太平洋。

根据"一带一路"走向,陆上依托国际大通道,以沿线中心城市为支撑,以重点经贸产业园区为合作平台,共同打造新亚欧大陆桥、中蒙俄、中国-中亚-西亚、中国-中南半岛等国际经济合作走廊;海上以重点港口为节点,共同建设通畅安全高效的运输大通道。中巴、孟中印缅两个经济走廊与推进"一带一路"建设关联紧密,要进一步推动合作,取得更大进展。

"一带一路"建设是沿线各国开放合作的宏大经济愿景,需各国携手努力,朝着互利互惠、共同安全的目标相向而行。努力实现区域基础设施更加完善,安全高效的陆海空通道网络基本形成,互联互通达到新水平;投资贸易便利化水平进一步提升,高标准自由贸易区网络基本形成,经济联系更加紧密,政治互信更加深入;人文交流更加广泛深入,不同文明互鉴共荣,各国人民相知相交、和平友好。

四、合作重点

沿线各国资源禀赋各异,经济互补性较强,彼此合作潜力和空间很大。以政策沟通、设施联通、贸易畅通、资金融通、民心相通为主要内容,重点在以下方面加强合作。

政策沟通。加强政策沟通是"一带一路"建设的重要保障。加强政府间合作,积极构建多层次政府间宏观政策沟通交流机制,深化利益融合,促进政治互信,达成合作新共识。沿线各国可以就经济发展战略和对策进行充分交流对接,共同制定推进区域合作的规划和措施,协商解决合作中的问题,共同为务实合作及大型项目实施提供政策支持。

设施联通。基础设施互联互通是"一带一路"建设的优先领域。在尊重相关国家主权和安全关切的基础上,沿线国家宜加强基础设施建设规划、技术标准体系的对接,共同推进国际骨干通道建设,逐步形成连接亚洲各次区域以及亚欧非之间的基础设施网络。强化基础设施绿色低碳化建设和运营管理,在建设中充分考虑气候变化影响。

抓住交通基础设施的关键通道、关键节点和重点工程,优先打通缺失路段,畅通瓶颈路段,配套完善道路安全防护设施和交通管理设施设备,提升道路通达水平。推进建立统一的全程运输协调机制,促进国际通关、换装、多式联运有机衔接,逐步形成兼容规范的运输规则,实现国际运输便利化。推动口岸基础设施建设,畅通陆水联运通道,推进港口合作建设,增加海上航线和班次,加强海上物流信息化合作。拓展建立民航全面合作的平台和机制,加快提升航空基础设施水平。

加强能源基础设施互联互通合作,共同维护输油、输气管道等运输通道安全,推进跨境电力与输电通道建设,积极开展区域电网升级改造合作。

共同推进跨境光缆等通信干线网络建设,提高国际通信互联互通水平,畅通信息丝绸之路。加快推进双边跨境光缆等建设,规划建设洲际海底光缆项目,完善空中(卫星)

信息通道，扩大信息交流与合作。

贸易畅通。投资贸易合作是"一带一路"建设的重点内容。宜着力研究解决投资贸易便利化问题，消除投资和贸易壁垒，构建区域内和各国良好的营商环境，积极同沿线国家和地区共同商建自由贸易区，激发释放合作潜力，做大做好合作"蛋糕"。

沿线国家宜加强信息互换、监管互认、执法互助的海关合作，以及检验检疫、认证认可、标准计量、统计信息等方面的双多边合作，推动世界贸易组织《贸易便利化协定》生效和实施。改善边境口岸通关设施条件，加快边境口岸"单一窗口"建设，降低通关成本，提升通关能力。加强供应链安全与便利化合作，推进跨境监管程序协调，推动检验检疫证书国际互联网核查，开展"经认证的经营者"（AEO）互认。降低非关税壁垒，共同提高技术性贸易措施透明度，提高贸易自由化便利化水平。

拓宽贸易领域，优化贸易结构，挖掘贸易新增长点，促进贸易平衡。创新贸易方式，发展跨境电子商务等新的商业业态。建立健全服务贸易促进体系，巩固和扩大传统贸易，大力发展现代服务贸易。把投资和贸易有机结合起来，以投资带动贸易发展。

加快投资便利化进程，消除投资壁垒。加强双边投资保护协定、避免双重征税协定磋商，保护投资者的合法权益。

拓展相互投资领域，开展农林牧渔业、农机及农产品生产加工等领域深度合作，积极推进海水养殖、远洋渔业、水产品加工、海水淡化、海洋生物制药、海洋工程技术、环保产业和海上旅游等领域合作。加大煤炭、油气、金属矿产等传统能源资源勘探开发合作，积极推动水电、核电、风电、太阳能等清洁、可再生能源合作，推进能源资源就地就近加工转化合作，形成能源资源合作上下游一体化产业链。加强能源资源深加工技术、装备与工程服务合作。

推动新兴产业合作，按照优势互补、互利共赢的原则，促进沿线国家加强在新一代信息技术、生物、新能源、新材料等新兴产业领域的深入合作，推动建立创业投资合作机制。

优化产业链分工布局，推动上下游产业链和关联产业协同发展，鼓励建立研发、生产和营销体系，提升区域产业配套能力和综合竞争力。扩大服务业相互开放，推动区域服务业加快发展。探索投资合作新模式，鼓励合作建设境外经贸合作区、跨境经济合作区等各类产业园区，促进产业集群发展。在投资贸易中突出生态文明理念，加强生态环境、生物多样性和应对气候变化合作，共建绿色丝绸之路。

中国欢迎各国企业来华投资。鼓励本国企业参与沿线国家基础设施建设和产业投资。促进企业按属地化原则经营管理，积极帮助当地发展经济、增加就业、改善民生，主动承担社会责任，严格保护生物多样性和生态环境。

资金融通。资金融通是"一带一路"建设的重要支撑。深化金融合作，推进亚洲货币稳定体系、投融资体系和信用体系建设。扩大沿线国家双边本币互换、结算的范围和规模。推动亚洲债券市场的开放和发展。共同推进亚洲基础设施投资银行、金砖国家开发银行筹建，有关各方就建立上海合作组织融资机构开展磋商。加快丝路基金组建运营。深化中国-东盟银行联合体、上合组织银行联合体务实合作,以银团贷款、银行授信等方式开展多边金融合作。支持沿线国家政府和信用等级较高的企业以及金融机构在中国境内发行人民币债券。符合条件的中国境内金融机构和企业可以在境外发行人民币债券和外币债券,鼓励在沿线国家使用所筹资金。

加强金融监管合作,推动签署双边监管合作谅解备忘录,逐步在区域内建立高效监管协调机制。完善风险应对和危机处置制度安排,构建区域性金融风险预警系统,形成应对跨境风险和危机处置的交流合作机制。加强征信管理部门、征信机构和评级机构之间的跨境交流与合作。充分发挥丝路基金以及各国主权基金作用,引导商业性股权投资基金和社会资金共同参与"一带一路"重点项目建设。

民心相通。民心相通是"一带一路"建设的社会根基。传承和弘扬丝绸之路友好合作精神,广泛开展文化交流、学术往来、人才交流合作、媒体合作、青年和妇女交往、志愿者服务等,为深化双多边合作奠定坚实的民意基础。

扩大相互间留学生规模,开展合作办学,中国每年向沿线国家提供1万个政府奖学金名额。沿线国家间互办文化年、艺术节、电影节、电视周和图书展等活动,合作开展广播影视剧精品创作及翻译,联合申请世界文化遗产,共同开展世界遗产的联合保护工作。深化沿线国家间人才交流合作。

加强旅游合作,扩大旅游规模,互办旅游推广周、宣传月等活动,联合打造具有丝绸之路特色的国际精品旅游线路和旅游产品,提高沿线各国游客签证便利化水平。推动21世纪海上丝绸之路邮轮旅游合作。积极开展体育交流活动,支持沿线国家申办重大国际体育赛事。

强化与周边国家在传染病疫情信息沟通、防治技术交流、专业人才培养等方面的合作,提高合作处理突发公共卫生事件的能力。为有关国家提供医疗援助和应急医疗救助,在妇幼健康、残疾人康复以及艾滋病、结核、疟疾等主要传染病领域开展务实合作,扩大在传统医药领域的合作。

加强科技合作,共建联合实验室(研究中心)、国际技术转移中心、海上合作中心,促进科技人员交流,合作开展重大科技攻关,共同提升科技创新能力。

整合现有资源,积极开拓和推进与沿线国家在青年就业、创业培训、职业技能开发、社会保障管理服务、公共行政管理等共同关心领域的务实合作。

充分发挥政党、议会交往的桥梁作用,加强沿线国家之间立法机构、主要党派和政治组织的友好往来。开展城市交流合作,欢迎沿线国家重要城市之间互结友好城市,以人文交流为重点,突出务实合作,形成更多鲜活的合作范例。欢迎沿线国家智库之间开展联合研究、合作举办论坛等。

加强沿线国家民间组织的交流合作,重点面向基层民众,广泛开展教育医疗、减贫开发、生物多样性和生态环保等各类公益慈善活动,促进沿线贫困地区生产生活条件改善。加强文化传媒的国际交流合作,积极利用网络平台,运用新媒体工具,塑造和谐友好的文化生态和舆论环境。

五、合作机制

当前,世界经济融合加速发展,区域合作方兴未艾。积极利用现有双多边合作机制,推动"一带一路"建设,促进区域合作蓬勃发展。

加强双边合作,开展多层次、多渠道沟通磋商,推动双边关系全面发展。推动签署合作备忘录或合作规划,建设一批双边合作示范。建立完善双边联合工作机制,研究推进"一带一路"建设的实施方案、行动路线图。充分发挥现有联委会、混委会、协委会、指导委员会、管理委员会等双边机制作用,协调推动合作项目实施。

强化多边合作机制作用,发挥上海合作组织(SCO)、中国-东盟"10+1"、亚太经合组织(APEC)、亚欧会议(ASEM)、亚洲合作对话(ACD)、亚信会议(CICA)、中阿合作论坛、中国-海合会战略对话、大湄公河次区域(GMS)经济合作、中亚区域经济合作(CAREC)等现有多边合作机制作用,相关国家加强沟通,让更多国家和地区参与"一带一路"建设。

继续发挥沿线各国区域、次区域相关国际论坛、展会以及博鳌亚洲论坛、中国-东盟博览会、中国-亚欧博览会、欧亚经济论坛、中国国际投资贸易洽谈会,以及中国-南亚博览会、中国-阿拉伯博览会、中国西部国际博览会、中国-俄罗斯博览会、前海合作论坛等平台的建设性作用。支持沿线国家地方、民间挖掘"一带一路"历史文化遗产,联合举办专项投资、贸易、文化交流活动,办好丝绸之路(敦煌)国际文化博览会、丝绸之路国际电影节和图书展。倡议建立"一带一路"国际高峰论坛。

六、中国各地方开放态势

推进"一带一路"建设,中国将充分发挥国内各地区比较优势,实行更加积极主动的开放战略,加强东中西互动合作,全面提升开放型经济水平。

西北、东北地区。发挥新疆独特的区位优势和向西开放重要窗口作用,深化与中亚、南亚、西亚等国家交流合作,形成丝绸之路经济带上重要的交通枢纽、商贸物流和文化科教中心,打造丝绸之路经济带核心区。发挥陕西、甘肃综合经济文化和宁夏、青海民族人文优势,打造西安内陆型改革开放新高地,加快兰州、西宁开发开放,推进宁夏内陆开放型经济试验区建设,形成面向中亚、南亚、西亚国家的通道、商贸物流枢纽、重要产业和人文交流基地。发挥内蒙古联通俄蒙的区位优势,完善黑龙江对俄铁路通道和区域铁路网,以及黑龙江、吉林、辽宁与俄远东地区陆海联运合作,推进构建北京—莫斯科欧亚高速运输走廊,建设向北开放的重要窗口。

西南地区。发挥广西与东盟国家陆海相邻的独特优势,加快北部湾经济区和珠江—西江经济带开放发展,构建面向东盟区域的国际通道,打造西南、中南地区开放发展新的战略支点,形成21世纪海上丝绸之路与丝绸之路经济带有机衔接的重要门户。发挥云南区位优势,推进与周边国家的国际运输通道建设,打造大湄公河次区域经济合作新高地,建设成为面向南亚、东南亚的辐射中心。推进西藏与尼泊尔等国家边境贸易和旅游文化合作。

沿海和港澳台地区。利用长三角、珠三角、海峡西岸、环渤海等经济区开放程度高、经济实力强、辐射带动作用大的优势,加快推进中国(上海)自由贸易试验区建设,支持福建建设21世纪海上丝绸之路核心区。充分发挥深圳前海、广州南沙、珠海横琴、福建平潭等开放合作区作用,深化与港澳台合作,打造粤港澳大湾区。推进浙江海洋经济发展示范区、福建海峡蓝色经济试验区和舟山群岛新区建设,加大海南国际旅游岛开发开放力度。加强上海、天津、宁波-舟山、广州、深圳、湛江、汕头、青岛、烟台、大连、福州、厦门、泉州、海口、三亚等沿海城市港口建设,强化上海、广州等国际枢纽机场功能。以扩大开放倒逼深层次改革,创新开放型经济体制机制,加大科技创新力度,形成参与和引领国际合作竞争新优势,成为"一带一路"特别是21世纪海上丝绸之路建设的排头兵和主力军。发挥海外侨胞以及香港、澳门特别行政区独特优势作用,积极参与和助力"一带一路"建设。为台湾地区参与"一带一路"建设做出妥善安排。

内陆地区。利用内陆纵深广阔、人力资源丰富、产业基础较好优势,依托长江中游城市群、成渝城市群、中原城市群、呼包鄂榆城市群、哈长城市群等重点区域,推动区域互动合作和产业集聚发展,打造重庆西部开发开放重要支撑和成都、郑州、武汉、长沙、南昌、合肥等内陆开放型经济高地。加快推动长江中上游地区和俄罗斯伏尔加河沿岸联邦区的合作。建立中欧通道铁路运输、口岸通关协调机制,打造"中欧班列"品牌,建设沟通境内外、连接东中西的运输通道。支持郑州、西安等内陆城市建设航空港、国际陆港,加强内陆口岸与沿海、沿边口岸通关合作,开展跨境贸易电子商务服务试点。优化海关特殊监管区域布局,创新加工贸易模式,深化与沿线国家的产业合作。

七、中国积极行动

一年多来,中国政府积极推动"一带一路"建设,加强与沿线国家的沟通磋商,推动与沿线国家的务实合作,实施了一系列政策措施,努力收获早期成果。

高层引领推动。习近平主席、李克强总理等国家领导人先后出访20多个国家,出席加强互联互通伙伴关系对话会、中阿合作论坛第六届部长级会议,就双边关系和地区发展问题,多次与有关国家元首和政府首脑进行会晤,深入阐释"一带一路"的深刻内涵和积极意义,就共建"一带一路"达成广泛共识。

签署合作框架。与部分国家签署了共建"一带一路"合作备忘录,与一些毗邻国家签署了地区合作和边境合作的备忘录以及经贸合作中长期发展规划。研究编制与一些毗邻国家的地区合作规划纲要。

推动项目建设。加强与沿线有关国家的沟通磋商,在基础设施互联互通、产业投资、资源开发、经贸合作、金融合作、人文交流、生态保护、海上合作等领域,推进了一批条件成熟的重点合作项目。

完善政策措施。中国政府统筹国内各种资源,强化政策支持。推动亚洲基础设施投资银行筹建,发起设立丝路基金,强化中国-欧亚经济合作基金投资功能。推动银行卡清算机构开展跨境清算业务和支付机构开展跨境支付业务。积极推进投资贸易便利化,推进区域通关一体化改革。

发挥平台作用。各地成功举办了一系列以"一带一路"为主题的国际峰会、论坛、研讨会、博览会,对增进理解、凝聚共识、深化合作发挥了重要作用。

八、共创美好未来

共建"一带一路"是中国的倡议,也是中国与沿线国家的共同愿望。站在新的起点上,中国愿与沿线国家一道,以共建"一带一路"为契机,平等协商,兼顾各方利益,反映各方诉求,携手推动更大范围、更高水平、更深层次的大开放、大交流、大融合。"一带一路"建设是开放的、包容的,欢迎世界各国和国际、地区组织积极参与。

共建"一带一路"的途径是以目标协调、政策沟通为主,不刻意追求一致性,可高度灵活,富有弹性,是多元开放的合作进程。中国愿与沿线国家一道,不断充实完善"一带一路"的合作内容和方式,共同制定时间表、路线图,积极对接沿线国家发展和区域合作规划。

中国愿与沿线国家一道,在既有双多边和区域次区域合作机制框架下,通过合作研究、论坛展会、人员培训、交流访问等多种形式,促进沿线国家对共建"一带一路"内涵、目标、任务等方面的进一步理解和认同。

中国愿与沿线国家一道,稳步推进示范项目建设,共同确定一批能够照顾双多边利益的项目,对各方认可、条件成熟的项目抓紧启动实施,争取早日开花结果。

"一带一路"是一条互尊互信之路,一条合作共赢之路,一条文明互鉴之路。只要沿线各国和衷共济、相向而行,就一定能够谱写建设丝绸之路经济带和21世纪海上丝绸之路的新篇章,让沿线各国人民共享"一带一路"共建成果。

附录二

教育部关于印发
《推进共建"一带一路"教育行动》的通知

教外〔2016〕46号

各省、自治区、直辖市教育厅(教委),各计划单列市教育局,新疆生产建设兵团教育局,部属各高等学校,部内各司局、各直属单位:

　　为贯彻落实中办、国办《关于做好新时期教育对外开放工作的若干意见》和国家发展改革委、外交部、商务部经国务院授权发布的《推动共建丝绸之路经济带和21世纪海上丝绸之路的愿景与行动》,我部牵头制订了《推进共建"一带一路"教育行动》,并已经国家教育体制改革领导小组会议审议通过。现印发给你们,请结合实际认真贯彻执行。

教育部

2016年7月13日

推进共建"一带一路"教育行动

　　推进共建"丝绸之路经济带"和"21世纪海上丝绸之路"(以下简称"一带一路"),为推动区域教育大开放、大交流、大融合提供了大契机。"一带一路"沿线国家教育加强合作、共同行动,既是共建"一带一路"的重要组成部分,又为共建"一带一路"提供人才支撑。中国愿与沿线国家一道,扩大人文交流,加强人才培养,共同开创教育美好明天。

一、教育使命

　　教育为国家富强、民族繁荣、人民幸福之本,在共建"一带一路"中具有基础性和先导性作用。教育交流为沿线各国民心相通架设桥梁,人才培养为沿线各国政策沟通、设施联通、贸易畅通、资金融通提供支撑。沿线各国唇齿相依,教育交流源远流长,教育合作前景广阔,大家携手发展教育,合力推进共建"一带一路",是造福沿线各国人民的伟大事业。

中国将一以贯之地坚持教育对外开放,深度融入世界教育改革发展潮流。推进"一带一路"教育共同繁荣,既是加强与沿线各国教育互利合作的需要,也是推进中国教育改革发展的需要,中国愿意在力所能及的范围内承担更多责任义务,为区域教育大发展做出更大的贡献。

二、合作愿景

沿线各国携起手来,增进理解、扩大开放、加强合作、互学互鉴,谋求共同利益、直面共同命运、勇担共同责任,聚力构建"一带一路"教育共同体,形成平等、包容、互惠、活跃的教育合作态势,促进区域教育发展,全面支撑共建"一带一路",共同致力于:

推进民心相通。开展更大范围、更高水平、更深层次的人文交流,不断推进沿线各国人民相知相亲。

提供人才支撑。培养大批共建"一带一路"急需人才,支持沿线各国实现政策互通、设施联通、贸易畅通、资金融通。

实现共同发展。推动教育深度合作、互学互鉴,携手促进沿线各国教育发展,全面提升区域教育影响力。

三、合作原则

育人为本,人文先行。加强合作育人,提高区域人口素质,为共建"一带一路"提供人才支撑。坚持人文交流先行,建立区域人文交流机制,搭建民心相通桥梁。

政府引导,民间主体。沿线国家政府加强沟通协调,整合多种资源,引导教育融合发展。发挥学校、企业及其他社会力量的主体作用,活跃教育合作局面,丰富教育交流内涵。

共商共建,开放合作。坚持沿线国家共商、共建、共享,推进各国教育发展规划相互衔接,实现沿线各国教育融通发展、互动发展。

和谐包容,互利共赢。加强不同文明之间的对话,寻求教育发展最佳契合点和教育合作最大公约数,促进沿线各国在教育领域互利互惠。

四、合作重点

沿线各国教育特色鲜明、资源丰富、互补性强、合作空间巨大。中国将以基础性、支撑性、引领性三方面举措为建议框架,开展三方面重点合作,对接沿线各国意愿,互鉴先进教育经验,共享优质教育资源,全面推动各国教育提速发展。

(一)开展教育互联互通合作

加强教育政策沟通。开展"一带一路"教育法律、政策协同研究,构建沿线各国教育政策信息交流通报机制,为沿线各国政府推进教育政策互通提供决策建议,为沿线各国学校和社会力量开展教育合作交流提供政策咨询。积极签署双边、多边和次区域教育合作框架协议,制定沿线各国教育合作交流国际公约,逐步疏通教育合作交流政策性瓶颈,实现学分互认、学位互授联授,协力推进教育共同体建设。

助力教育合作渠道畅通。推进"一带一路"国家间签证便利化,扩大教育领域合作交流,形成往来频繁、合作众多、交流活跃、关系密切的携手发展局面。鼓励有合作基础、相同研究课题和发展目标的学校缔结姊妹关系,逐步深化拓展教育合作交流。举办沿线国家校长论坛,推进学校间开展多层次多领域的务实合作。支持高等学校依托学科优势专业,建立产学研用结合的国际合作联合实验室(研究中心)、国际技术转移中心,共同应对经济发展、资源利用、生态保护等沿线各国面临的重大挑战与机遇。打造"一带一路"学术交流平台,吸引各国专家学者、青年学生开展研究和学术交流。推进"一带一路"优质教育资源共享。

促进沿线国家语言互通。研究构建语言互通协调机制,共同开发语言互通开放课程,逐步将沿线国家语言课程纳入各国学校教育课程体系。拓展政府间语言学习交换项目,联合培养、相互培养高层次语言人才。发挥外国语院校人才培养优势,推进基础教育多语种师资队伍建设和外语教育教学工作。扩大语言学习国家公派留学人员规模,倡导沿线各国与中国院校合作在华开办本国语言专业。支持更多社会力量助力孔子学院和孔子课堂建设,加强汉语教师和汉语教学志愿者队伍建设,全力满足沿线国家汉语学习需求。

推进沿线国家民心相通。鼓励沿线国家学者开展或合作开展中国课题研究,增进沿线各国对中国发展模式、国家政策、教育文化等各方面的理解。建设国别和区域研究基地,与对象国合作开展经济、政治、教育、文化等领域研究。逐步将理解教育课程、丝路文化遗产保护纳入沿线各国中小学教育课程体系,加强青少年对不同国家文化的理解。加强"丝绸之路"青少年交流,注重利用社会实践和志愿服务、文化体验、体育竞赛、创新创业活动和新媒体社交等途径,增进不同国家青少年对其他国家文化的理解。

推动学历学位认证标准连通。推动落实联合国教科文组织《亚太地区承认高等教育资历公约》,支持教科文组织建立世界范围学历互认机制,实现区域内双边多边学历学位关联互认。呼吁各国完善教育质量保障体系和认证机制,加快推进本国教育资历框架开发,助力各国学习者在不同种类和不同阶段教育之间进行转换,促进终身学习社会建设。共商共建区域性职业教育资历框架,逐步实现就业市场的从业标准一体化。探索建立沿线各国教师专业发展标准,促进教师流动。

(二)开展人才培养培训合作

实施"丝绸之路"留学推进计划。设立"丝绸之路"中国政府奖学金,为沿线各国专项培养行业领军人才和优秀技能人才。全面提升来华留学人才培养质量,把中国打造成为深受沿线各国学子欢迎的留学目的地国。以国家公派留学为引领,推动更多中国学生到沿线国家留学。坚持"出国留学和来华留学并重、公费留学和自费留学并重、扩大规模和提高质量并重、依法管理和完善服务并重、人才培养和发挥作用并重",完善全链条的留学人员管理服务体系,保障平安留学、健康留学、成功留学。

实施"丝绸之路"合作办学推进计划。有条件的中国高等学校开展境外办学要集中优势学科,选好合作契合点,做好前期论证工作,构建人才培养模式、运行管理模式、服务当地模式、公共关系模式,使学校顺利落地生根、开花结果。发挥政府引领、行业主导作用,促进高等学校、职业院校与行业企业深化产教融合。鼓励中国优质职业教育配合高铁、电信运营等行业企业走出去,探索开展多种形式的境外合作办学,合作设立职业院校、培训中心,合作开发教学资源和项目,开展多层次职业教育和培训,培养当地急需的各类"一带一路"建设者。整合资源,积极推进与沿线各国在青年就业培训等共同关心领域的务实合作。倡议沿线国家之间开展高水平合作办学。

实施"丝绸之路"师资培训推进计划。开展"丝绸之路"教师培训,加强先进教育经验交流,提升区域教育质量。加强"丝绸之路"教师交流,推动沿线各国校长交流访问、教师及管理人员交流研修,推进优质教育模式在沿线各国互学互鉴。大力推进沿线各国优质教学仪器设备、教材课件和整体教学解决方案输出,跟进教师培训工作,促进沿线各国教育资源和教学水平均衡发展。

实施"丝绸之路"人才联合培养推进计划。推进沿线国家间的研修访学活动。鼓励沿线各国高等学校在语言、交通运输、建筑、医学、能源、环境工程、水利工程、生物科学、海洋科学、生态保护、文化遗产保护等沿线国家发展急需的专业领域联合培养学生,推动联盟内或校际教育资源共享。

(三)共建丝路合作机制

加强"丝绸之路"人文交流高层磋商。开展沿线国家双边多边人文交流高层磋商,商定"一带一路"教育合作交流总体布局,协调推动沿线各国建立教育双边多边合作机制、教育质量保障协作机制和跨境教育市场监管协作机制,统筹推进"一带一路"教育共同行动。

充分发挥国际合作平台作用。发挥上海合作组织、东亚峰会、亚太经合组织、亚欧会议、亚洲相互协作与信任措施会议、中阿合作论坛、东南亚教育部长组织、中非合作论坛、中巴经济走廊、孟中印缅经济走廊、中蒙俄经济走廊等现有双边多边合作机制作用,增加教育合作的新内涵。借助联合国教科文组织等国际组织力量,推动沿线各国围绕实现世界教育发展目标形成协作机制。充分利用中国-东盟教育交流周、中日韩大学交流合作促进委员会、中阿大学校长论坛、中非高校20+20合作计划、中日大学校长论坛、中韩大学校长论坛、中俄大学联盟等已有平台,开展务实教育合作交流。支持在共同区域、有合作基础、具备相同专业背景的学校组建联盟,不断延展教育务实合作平台。

实施"丝绸之路"教育援助计划。发挥教育援助在"一带一路"教育共同行动中的重要作用,逐步加大教育援助力度,重点投资于人、援助于人、惠及于人。发挥教育援助在"南南合作"中的重要作用,加大对沿线国家尤其是最不发达国家的支持力度。统筹利用国家、教育系统和民间资源,为沿线国家培养培训教师、学者和各类技能人才。积极开展优质教学仪器设备、整体教学方案、配套师资培训一体化援助。加强中国教育培训中心和教育援外基地建设。倡议各国建立政府引导、社会参与的多元化经费筹措机制，通过国家资助、社会融资、民间捐赠等渠道，拓宽教育经费来源，做大教育援助格局，实现教育共同发展。

开展"丝路金驼金帆"表彰工作。对于在"一带一路"教育合作交流和区域教育共同发展中做出杰出贡献、产生重要影响的国际人士、团队和组织给予表彰。

五、中国教育行动起来

中国倡导沿线各国建立教育共同体，聚力推进共建"一带一路"，首先需要中国教育领域和社会各界率先垂范、积极行动。

加强协调推动。加强国内各部门各地方的统筹协调工作，有序开展"一带一路"教育合作交流。推动中国教育治理体系完善、相关法律法规修订和教育综合改革，提升中国开展"一带一路"教育行动的质量和水平。教育部与国家发展改革委、外交部、商务部等部门和全国性行业组织紧密配合，围绕共建"一带一路"大局，寻找合作重点、建立运行保障机制，畅通教育国际合作交流渠道，对接沿线各国教育发展战略规划。

地方重点推进。突出地方推进共建"一带一路"的主体性、支撑性和落地性，要求各地发挥区位优势和地方特色，抓紧制订本地教育和经济携手走出去行动计划，紧密对接国家总体布局。有序与沿线国家地方政府建立"友好省州""姊妹城市"关系，做好做实彼此间人文交流。充分利用地方调配资源优势，积极搭建海内外平台，促进校企优势互补、良性合作、共同发展。多措并举，支持指导本地教育系统与"一带一路"沿线国家广泛开展合作交流，打造教育合作交流区域高地，助力做强本地教育。

各级学校有序前行。各级各类学校秉承"己欲立而立人"的中国传统，有序与沿线各国学校扩大合作交流，整合优质资源走出去，选择优质资源引进来，兼容并包、互学互鉴，共同提升教育国际化水平和服务共建"一带一路"能力。中小学校要广泛建立校际合作交流关系，重点开展师生交流、教师培训和国际理解教育。高等学校、职业院校要立足各自发展战略和本地区参与共建"一带一路"规划，与沿线各国开展形式多样的合作交流，重点做好完善现代大学制度、创新人才培养模式、提升来华留学质量、优化境外合作办学、助推企业成长等各项工作的协同发展。

社会力量顺势而行。开展更大范围、更深层次、更高水平的"一带一路"教育民间合作交流，吸纳更多民间智慧、民间力量、民间方案、民间行动。大力培育和发展我国非营利组织，通过购买服务、市场调配等举措，大力支持社会机构和专业组织投身教育对外开放事业，活跃民间教育国际合作交流。加快推动教学仪器和中医诊疗服务走出去步伐，支持企业和个人按照市场规则依法参与中外合作办学、合作科研、涉外服务等教育对外开放活动。企业要积极与学校合作走出去，联合开展人才培养、科技创新和成果转化，积极服务"一带一路"国家经贸发展。

助力形成早期成果。实施高度灵活、富有弹性的合作机制，优先启动各方认可度高、条件成熟的项目,明确时间节点,争取短期内开花结果。2016年,各省市制订并呈报本地"一带一路"教育行动计划,有序推进教育互联互通、人才培养培训及丝路合作机制建设。2017年,基于三方面重点合作的沿线各国教育共同行动深入开展。未来3年,中国每年面向沿线国家公派留学生2500人;未来5年,建成10个海外科教基地,每年资助1万名沿线国家新生来华学习或研修。

六、共创教育美好明天

独行快,众行远。合作交流是沿线各国共建"一带一路"教育共同体的主要方式。通过教育合作交流,培养高素质人才,推进经济社会发展,提高沿线各国人民生活福祉,是我们共同的愿望。通过教育合作交流,扩大人文往来,筑牢地区和平基础,是我们共同的责任。

中国愿与沿线各国一道,秉持开放合作、互利共赢理念,共同构建多元化教育合作机制,制订时间表和路线图,推动弹性化合作进程,打造示范性合作项目,满足各方发展需要,促进共同发展。

中国教育部倡议沿线各国积极行动起来,加强战略规划对接和政策磋商,探索教育合作交流的机制与模式,增进教育合作交流的广度和深度,追求教育合作交流的质量和效益,互知互信、互帮互助、互学互鉴,携手推动教育发展,促进民心相通,构建"一带一路"教育共同体,共创人类美好生活新篇章。

后　记

本书是张德祥教授主持的中国高等教育学会高等教育科学研究"十三五"规划重大攻关课题"'一带一路'国家高等教育政策法规研究"(16ZG003)的研究成果。

本书由张德祥教授和李枭鹰教授负责总体规划、设计和架构,确定编译的主旨与核心,组织人员搜集、选取、翻译和整理韩国的相关教育政策法规,最后审阅书稿。本书由大连民族大学外国语学院王妍博士、耿智教授、贾琼讲师,大连理工大学高等教育研究院教育管理专业2019级博士生齐小鸥,南开大学外国语学院英语语言文学专业2019级博士生汤琦,海南大学外国语学院翻译专业2017级硕士生靳云轲、李梦华编译。这些政策法规文本的语言为英语。本书由大连民族大学外国语学院耿智教授统稿。

本书的出版得到了中国高等教育学会、大连理工大学出版社的大力支持,课题组在此深表感谢!

课题组